10分で読む 日本の歴史

NHK「10min. ボックス」制作班 編

岩波ジュニア新書 832

目次

1

縄文時代と弥生時代

✣土器の時代、稲作の時代

今からおよそ一万五〇〇〇年前、土器を使う縄文時代が始まりました。紀元前四世紀頃、稲作が伝えられ、やがて本格的な米作りを行う弥生時代が訪れます。

この章では縄文時代と弥生時代を見ていきます。

✣青森県三内丸山遺跡

縄文時代を代表する遺跡に、青森県の三内丸山《さんないまるやま》遺跡があります。この集落ができたのは、今からおよそ五五〇〇年前とされています。広さはおよそ三八ヘクタールあり、多いときには二〇〇人以上の人々が暮らしていたと考えられています。

集落の中心には、直径一メートルのクリの木の柱に支えられた高い建物がありました。

三内丸山遺跡

物見やぐらとも神殿とも考えられています。その隣に、屋根のある大きな建物があります。長さは実に三二メートル、幅一〇メートル。太い柱と梁《はり》で支えられ、集会などに使われたと考えられています。

❖クリを栽培していた人々

三内丸山の人々が食料にしていたものの一つが、クリの実でした。ここで見つかったクリの実を詳しく調べたところ、多くの実が同じ遺伝子を持っていることがわかりました。このことから、三内丸山の人々はクリを栽培し、実を収穫していたことがわかってきました。

三内丸山の集落には、およそ一五〇〇年ものあいだ、人々が暮らしていたと考えられています。

❖半地下式の竪穴住居

縄文時代、人々は「竪穴《たてあな》住居」と呼ばれる家に住んでいました。地面を少し掘り下げて、屋根をつけたものでした。半地下式の住まいは温かく、寒い地域では二メートル近く掘り下げることもありました。掘った土は、家のまわりに盛って固めました。

柱を地面に埋め込んで屋根を組み上げていきます。この竪穴住居は柱が腐るため、一〇年から三〇年くらいで建て替えが必要でした。

❖自然のめぐみによる豊かなくらし

縄文時代の人々の食生活を見てみましょう。「貝塚」と呼ばれる遺跡には、捨てられた貝殻などが何層にも積み重なっています。ここに捨てられたものを調べると、人々が何を食べていたのかわかります。

人々は周りの自然から食べ物を得ていました。春は山菜や貝が採れます。夏は海でいろいろな魚が獲れました。沖合を回遊するマグロやカツオなども食べていたことがわかっています。秋、キノコや木の実を集めるのに忙しい季節。冬、シカやイノシシなどが貴重な食べ物になりました。

縄文時代の人々は、自然の恵みを生かし、おどろくほどバラエティに富んだ食生活を送っていました。

✣佐賀県の吉野ヶ里遺跡

弥生時代を代表する遺跡の一つに、佐賀県の吉野《よしの》ヶ里《がり》遺跡があります。現在、この遺跡には、当時の集落の様子が再現されています。米作りをする人々、リーダーなど、役割ごとに分かれて住んでいたことがわかります。比較的小さな家々は、米作りをする人々が住んでいたと思われる場所です。当時の人々は、木でできた農具などを使っていたと考えられています。

✣富と力を持つリーダー

大型の家からは、鉄でできたナイフなど、金属の道具がたくさん見つかっています。鉄や青銅で作られた道具は、今から二〇〇〇年以上前に朝鮮半島から伝えられました。人々は大工道具の鉋《かんな》や釣り針、鏃《やじり》などさまざまな道具に鉄を使うようになりました。こうした

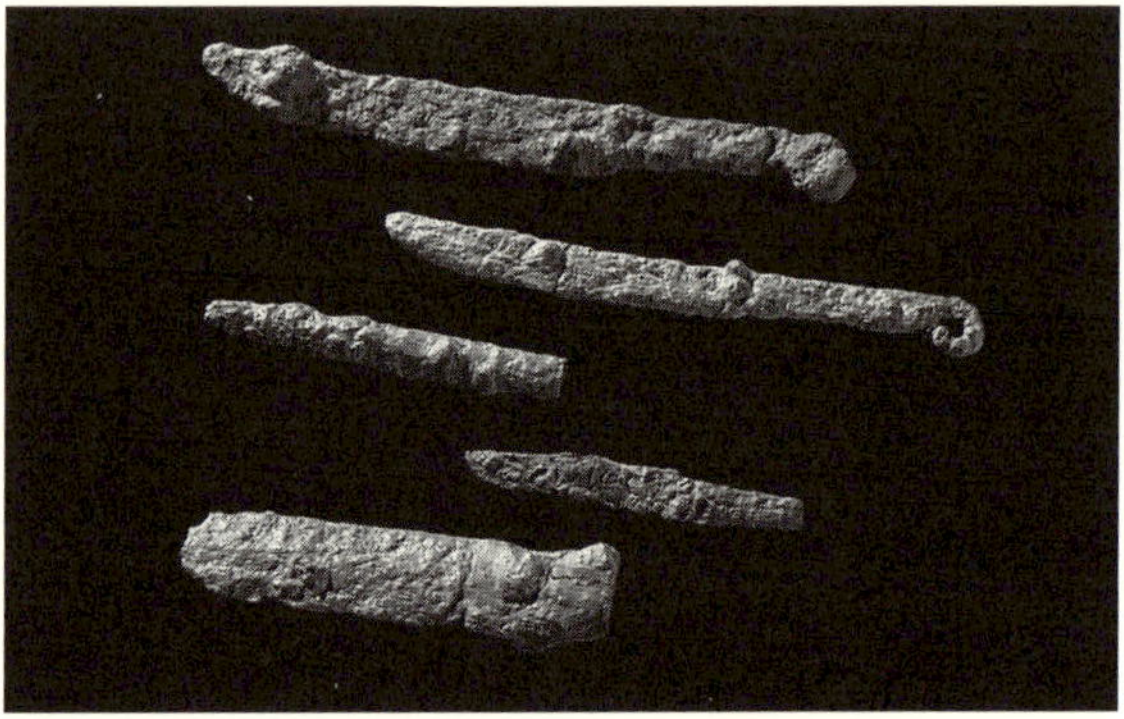

鉄で作られた道具(佐賀県教育委員会提供)

道具を作り人々に与えることができたのは、富と力を持つリーダーだけでした。

この大きな家には村のリーダーが住んでいたと考えられます。一方、ほかの場所には見られない大きな建物の跡も見つかっています。ここは祖先や神を祀《まつ》る人が住む場所で、米の豊作などを祈ったと考えられています。

❖まわりにめぐらされた壕と柵

この吉野ヶ里遺跡では、ほかの村との争いに備えていた跡が残っています。壕《ほり》がめぐらされ、その深さは三メートル以上もあり、簡単には越えられません。まわりは柵《さく》で囲み、見張りを立てて、よそからの侵入を防いでいました。

人々はリーダーを中心に、まとまりのある村を作って暮らすようになったのです。

❖福岡県の板付遺跡

弥生時代の人々がどのように米作りをしていたのかを伝える、福岡県の板付《いたづけ》遺跡は、いくつもの竪穴住居からなる集落で、深さ二～三メートル、幅二～四メートルの壕に囲まれていました。

集落のそばから、弥生時代の水田の跡が発掘されました。あぜや水路を備えた本格的なものです。焼けて炭になった弥生時代の米もたくさん見つかりました。水田に残された弥生時代の人の足跡も見つかっています。

人々は地面を耕し、新しい水田や水路を作りました。そして、春の田植えから秋の収穫まで、集落の人々はみんなで協力し合っていました。穫れた米は人々で分け合い、余った

高床式倉庫(復元，吉野ヶ里遺跡)

米は倉庫に蓄えました。

❖ムラ、クニの出現

米作りは縄文時代の終わり頃から始まり、弥生時代になって本格的に広まったと考えられています。米を保管するために、床を地面から一メートル以上も高くした建物が作られました。「高床式《たかゆか》」の倉庫です。

大事な米をねずみから守るために当時の人々が考え出したのが「ねずみ返し」。建物を支える柱と倉のあいだに取り付けました。これがあれば、ねずみが柱を登ってきても中に入ることはできません。

稲作が盛んになるとともに、より力を持った「ムラ」が登場し、まわりの「ムラ」を従え、「クニ」と呼ばれるようになっていきます。

2

ヤマト政権による統一国家の成立

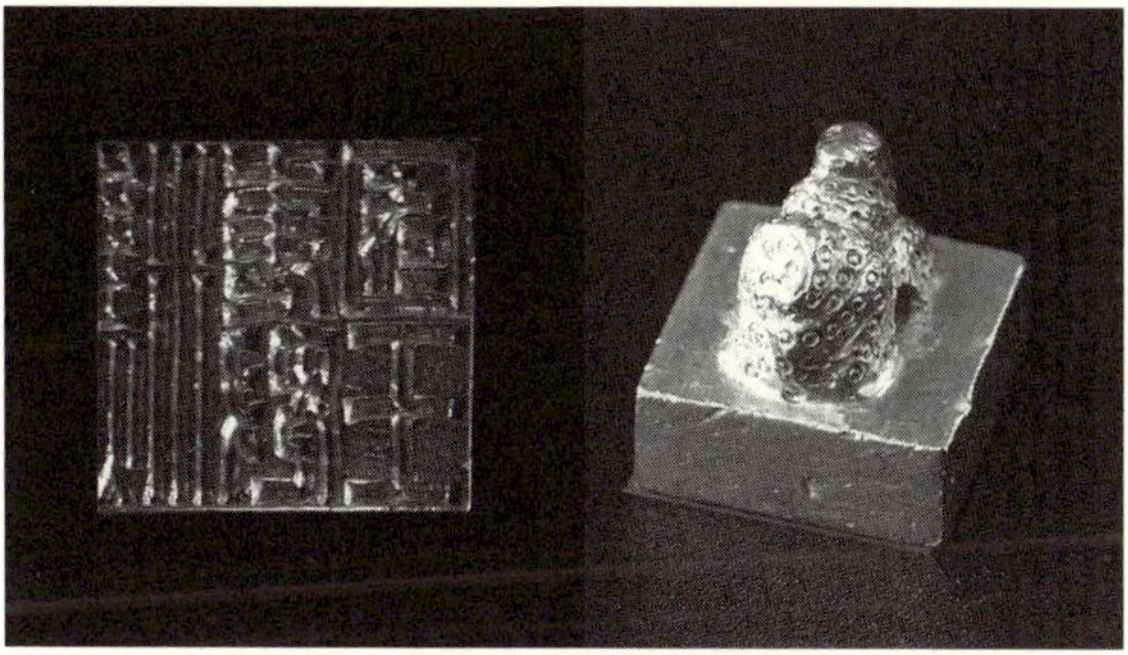

金印(国宝，福岡市博物館蔵)

✣クニから国家へ

弥生時代、各地に生まれた小さなクニグニは、ヤマト政権を中心にまとまっていきます。この章では、三世紀から七世紀頃にかけて行われた統一国家成立に向けた動きを、遺跡や中国の歴史書などからたどります。

✣争いを繰り返していたクニグニ

福岡県で発見された金印《きんいん》。これは今からおよそ二〇〇〇年前の西暦五七年、「倭《わ》」と呼ばれていた日本にあった多くのクニの一つ、「奴国《なのくに》」の王が、中国の皇帝から与えられたものとされています。

当時日本では、クニグニが激しい争いを繰り返していました。この時代の様子を知る手がかりは、中国で書かれた歴史書です。当時の日本には、卑弥呼《ひみこ》と呼ばれる女王がいたと書かれています。

❖邪馬台国を中心とする大きなまとまり

卑弥呼は、「邪馬台国《やまたいこく》」を治める女王でした。一〇〇〇人の召使いに身のまわりの世話をさせた、と記されています。卑弥呼は占いやまじないを行い、天候を予想したり、豊作や戦いの勝利を祈ったりしたと考えられています。

卑弥呼が治める邪馬台国は、激しい争いを続けるクニグニの一つでした。争うなかから、次第に邪馬台国を中心とする一つの大きなまとまりが生まれてきました。そのまとまりのシンボルに選ばれたのが卑弥呼でした。

卑弥呼について書かれていることは少なく、卑弥呼が治めた邪馬台国がどこにあったのかもわかっていません。近畿地方にあったという説や九州地方にあったという説など、さまざまです。謎に包まれた女王卑弥呼は、西暦二五〇年頃亡くなったといわれています。

大仙古墳

✣巨大な前方後円墳

大阪府堺《さかい》市に、日本最大の古墳、大仙古墳《だいせんこふん》があります。「方《ほう》」と呼ばれる四角い部分と、「円《えん》」と呼ばれる丸い部分が合わさってできているため、「前方後円墳《ぜんぽうこうえんふん》」と呼ばれています。長さ四八六メートル、幅三〇五メートル。およそ一五〇〇年以上前の五世紀に造られたと考えられています。

エジプトのピラミッドと比べても、面積は大仙古墳のほうがはるかに大きいことがわかります。この巨大な大仙古墳は、どのような造りになっているのでしょうか。

❖大きな権力を持つ者の墓

古墳の表面は石が敷き詰められていました。雨などで崩れないようにするためです。亡くなった人が葬られているのは古墳の「円」の部分です。古墳のふちには埴輪《はにわ》がぎっしり並べられています。埴輪とは土を焼いて作ったもので、多くは筒の形をしていました。大仙古墳では三万を超える埴輪が並んでいたと考えられています。

土地の形を整え、石を敷き詰め、埴輪をかざる……。古墳造りにはたくさんの時間と人手がかかりました。一日一五〇〇人が働いたとして、一五年以上かかった計算になります。ここに葬られた人は、それだけ大きな権力を持っていたと考えられています。

ヤマト政権の形成

前方後円墳は、三世紀後半、奈良盆地を中心に造られました。その後、七世紀のはじめ頃までに各地で造られるようになりました。これは、各地で土地や人々を支配していた豪族たちが、ヤマトを中心とする政治連合を形作っていったことを表すものと考えられています。

この政治連合を「ヤマト政権」といい、政権の中心となった王は、「大王《おおきみ》《だいおう》」と呼ばれるようになりました。

仏教伝来が引き起こした争い

六世紀の半ば、中国、朝鮮半島を経て、仏教が伝えられました。この仏教をめぐって国内で大きな争いが起こりました。ヤマト政権で大きな勢力を持っていた蘇我《そが》氏と物部《もののべ》氏の対立です。

仏教という新しい宗教を積極的に受け入れようという蘇我氏。もう一方は、仏教を受け入れてはいけないと反対する物部氏です。

この対立は、やがてほかの豪族たちをも巻き込み、五八七年、武力衝突になりました。激しい戦いの末、蘇我氏が勝ちました。

このあと、仏教を信じることが国の方針となっていきます。

❖「十七条の憲法」

この戦いには、まだ一〇代前半だった聖徳太子(厩戸王《うまやど》)も蘇我氏の軍勢に加わっていたといわれています。六世紀の終わり頃、天皇をたすけて政治を行うようになった聖徳太子は、新しい国のしくみを整えることに取り組みました。

六〇四年、役人の心構えを示すために聖徳太子が定めたといわれるのが、十七条からなる憲法です。

「一に曰《いわ》く、和を以《もっ》て貴《とうと》しとなす」。聖徳太子が最初に示したのは、人々の「和」でした。

❖仏教を敬い、天皇に従うように

第二条では、「仏法僧《ぶっぽうそう》を大事にしなさい」と定めました。仏は「ほとけ」、法は「仏教の教え」、僧は「僧侶《そうりょ》」を表します。仏教を敬うように定め、政治に仏教を役立てることを示しました。

そして第三条、「詔《みことのり》は謹んで受けとめなさい」。詔とは天皇の言葉を表します。天皇に従うよう命じているのです。

聖徳太子は十七か条にわたり、日本で初めて、役人が天皇のもとにまとまり、国づくりに努力するよう定めたのです。

❖役人の位を定めた「冠位十二階」

六〇三年、天皇のために働く役人の位《くらい》を定めたのが、「冠位十二階《かんいじゅうにかい》」です。位に応じて、冠の色や儀式用の服などが十二色に分けられ、一目で地位の高さがわかるようにしました。天皇のもとで役人の制度がきちんと整った国である、ということを示したのです。

❖隋に学んだ国づくり

そのころ隣の中国を統一したのが、「隋《ずい》」です。隋は強い武力と高い文化を持っていました。そこでヤマト政権は隋に使いを送り、交流を始めることにしました。「遣隋使《けんずいし》」です。遣隋使は皇帝に贈り物を持っていきました。それと同時に、多くの留学生や僧侶も勉強のために隋に渡りました。

　こうして、隋から政治のしくみや技術、学問など、新しい知識がたくさんもたらされるようになったのです。それらの知識は、のちに、日本が新しい国づくりをする手本になりました。

3

進む中央集権化と国際文化
——奈良時代

❖中国にならって進められた国づくり

中国大陸との交流が盛んになった八世紀、奈良に都が置かれました。奈良時代です。都には巨大な仏像もつくられました。

この章では、当時、最先端だった中国の政治や文化にならい、国づくりが進められた様子を見ていきます。

❖新しい都、平城京

西暦七一〇年、現在の奈良に、平城京《へいじょうきょう》という都がつくられました。唐《とう》の都、長安《ちょうあん》にならってつくられたこの都には、東西南北に碁盤の目のように規則正しく道が敷かれました。

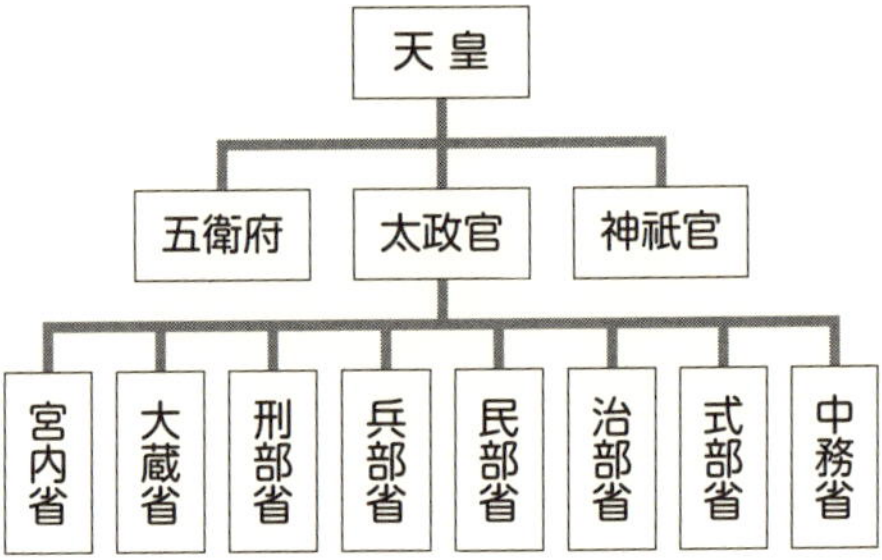

律令による中央のおもな役所

真ん中には、幅七五メートルの朱雀大路《すざくおおじ》が南北に真っ直ぐ延びていました。その大通りを中心に、東側を左京《さきょう》、西側を右京《うきょう》といいます。広さは、東西におよそ六キロメートル、南北におよそ五キロメートルにおよびました。

❖律令制度による政治

中央の北にあった平城宮《へいじょうきゅう》には天皇が住み、政治を行う役所が置かれました。唐の法律にならい、天皇を中心とする支配が進められ、二官八省が置かれました。

太政官《だいじょうかん》のもと、宮内省や大蔵省など、八つの役所が置かれました。こうした制度のもとになったのは、中国の隋や唐で行われていた「律令《りつりょう》制度」でした。

「律」は刑法、「令」は政治を行うさまざまなきまりのことです。律令に基づいて政治を行う国家を、「律令国家」といいます。

❖仏教に救いを求める

七二四年、聖武《しょうむ》天皇が即位します。その後、日本中がさまざまな災いに見舞われました。地震、凶作、そして九州から全国に広がりをみせた伝染病。貴族による反乱も起こりました。

聖武天皇は、次々と起こる災いに悩み、その救いを仏教に求めます。七四一年、聖武天皇の命令により、国分寺、国分尼寺《こくぶんにじ》が全国につくられました。さらに七四三年、国をあげての大事業に取り組みます。それは奈良の東大寺に、大きな仏像をつくることでした。

❖大仏の完成

記録によれば、大仏の材料は国中から集められました。銅は、今の東京や埼玉、鳥取や山口などから運ばれました。そのほか、鉄、すず、水銀などが全国から集められました。銅の産地のひとつに、山口県の長登《ながのぼり》遺跡があります。ここで大仏に使われた銅が採掘されたと言われています。当時、銅が奈良に送られていたことを示す木簡が見つかっています。今の宮城県からは、日本で初めて金が産出され、この金が大仏に塗られることになりました。

全国から集められたさまざまな材料を使い、完成したのが、盧舎那《るしゃな》仏坐像《ぶつざぞう》、奈良の大仏です。つくり始めて九年後の七五二年四月九日、大仏完成の儀式が盛大に行われました。

❖日本にやってきた高僧鑑真

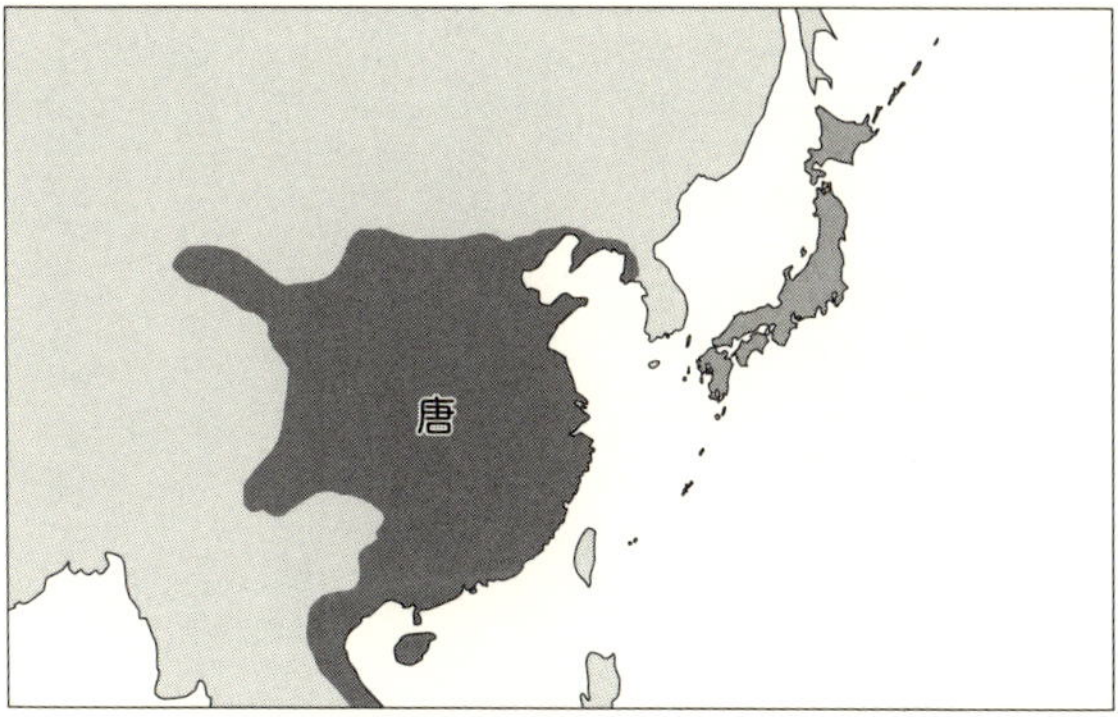

唐

七世紀のはじめ、日本は隣の中国、当時の隋に使いを送りました。「遣隋使」です。やがて隋が唐へ変わると、「遣唐使」になります。

当時、中国への旅は、荒海を船で渡る危険なものでした。日本よりもはるかに進んだ中国の文化。遣唐使は、命がけでその文化を日本に伝えようとしたのです。

七五三年、遣唐使の帰りの船に乗り込み、日本にたどりついた中国の僧がいました。当時、中国で最も名のある僧の一人、鑑真《がんじん》です。

❖六度目にようやく日本へ

鑑真の活躍を伝える「東征伝絵巻」が残されています。

七四二年、遣唐使と一緒に唐に渡り、鑑真のもとを訪ねた二人の日本人の僧。二人は鑑真に、「僧侶が守るべき決まり、「戒律」を日本に伝えてほしい」と願いました。そこで鑑真は弟子たちに尋ねます。「だれか日本へ行く者はいないか」。しかし弟子たちは危険な船旅を恐れて黙っています。

「皆が行かぬなら私が行こう」。鑑真は自らが日本に向かうことを宣言し、さっそく日本に向けて船出します。しかし、あらしなどのために何度も失敗します。六度目の挑戦でようやく日本にたどり着きました。

奈良に着いた鑑真は人々に手厚く迎えられ、東大寺で「戒律」を伝えました。

❖後世に伝えられる鑑真の教え

奈良にある唐招提寺《とうしょうだいじ》は、七五九年に鑑真が建てたものです。鑑真の時代から残る講堂。鑑真はここに日本人の弟子を集め、中国から持ってきた経典《きょうてん》を読ませたり、直接教えを説いたりしました。多くの僧を熱心に育てたのです。

寺の奥まったところに、国宝の鑑真和上坐像《がんじんわじょうざぞう》がまつられています。鑑真が亡くなる直前に、弟子たちが造らせました。鑑真の姿をのちの世に伝えようとしたのです。

七六三年、鑑真はこの寺で亡くなりました。七六歳でした。

❖華やかな天平文化

奈良時代には、国際色豊かな文化が花開きました。「天平文化《てんぴょうぶんか》」です。その代表的な品々が東大寺の倉庫、正倉院《しょうそういん》に保存されました。聖武天皇が亡くなったあと、光明皇后に

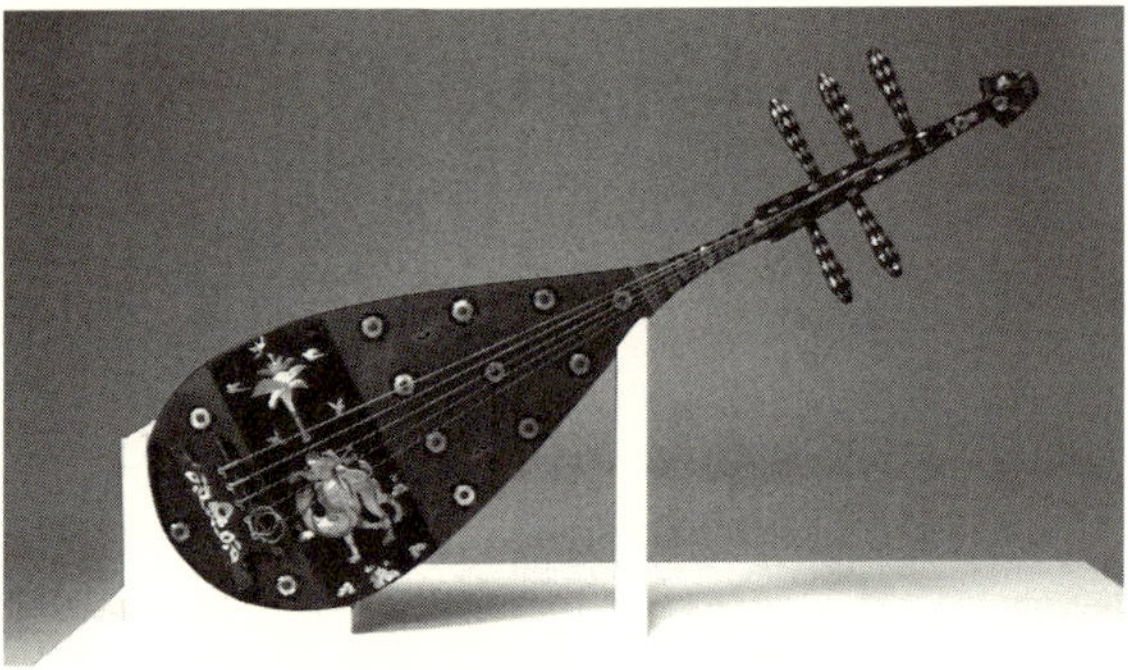

螺鈿紫檀五絃琵琶（正倉院宝物）

よって、聖武天皇が日ごろ使っていた品々などが収められ、現在まで大切に保存されています。

世界に一つしか残っていない五絃の琵琶（螺《ら》鈿《でん》紫檀《したんの》五《ご》絃《げん》琵《び》琶《わ》）。ペルシャ風の模様が細工されています。琥《こ》珀《はく》や南の海の貝、西アジアで採れる石などで細工された鏡、聖武天皇が楽しんだといわれる碁盤と石もあります。

遣唐使や留学生によって中国から持ち帰られたものと考えられています。

❖世界とつながっていた日本

当時の中国には、ヨーロッパや西アジア、インドなどから、さまざまな美術工芸品が伝わっていました。奈良時代、日本は中国から大きな影響を受けるとともに、中国を通して世界とつながっていたのです。

4

摂関政治と国風の文化——平安時代

❖平安時代の政治と文化

今からおよそ一二〇〇年前、都が、奈良の平城京から長岡京を経て、京都の平安京に遷《うつ》されました。四〇〇年ほど続く平安時代が始まります。

この章では、平安時代の中ごろに有力な貴族が行った政治、「摂関政治」と、この時代に生まれた国風《こくふう》の文化を見ていきます。

❖藤原氏の隆盛

西暦七九四年、桓武《かんむ》天皇は、それまでの政治のあり方を変えようと、都を京都に遷しました。平安京です。それからおよそ二〇〇年経った平安時代の中ごろ、奈良時代以来実力を高めてきた藤原氏が政治の実権を握り、その権力は頂点に達していきました。

なかでもひときわ大きな権力を持っていたのが、藤原道長《ふじわらのみちなが》です。道長はどのようにして権力の座についたのでしょうか。

❖天皇の親戚となって権力を握る

道長は、まず自分の娘を天皇の后《きさき》にして、天皇家の親戚《しんせき》になります。后である娘と天皇のあいだに男子が誕生すると、その子を即位させます。こうして天皇の祖父となった道長は、天皇に代わって政治を行う「摂政《せっしょう》」となり、さらに大きな力を持ちました。

道長は自らが政治を行うだけでなく、息子も重要な役職に就かせることで、藤原氏の権力をより強いものにしました。摂政の職を息子の頼通《よりみち》に与えたのです。

頼通はその後、天皇が成人すると「関白《かんぱく》」となり、天皇を補佐し、政治を続けました。

❖天下を意のままにする絶大な権力

この「摂政」と「関白」が実権を握る政治のしくみを「摂関政治」といいます。摂関政治の権力の絶頂にあった藤原道長が詠んだ歌です。

「この世をば　わが世とぞ思ふ　望月《もちづき》の　欠けたることも　なしと思へば」（この世は私の天下のように思う。まるで満月のように、私の権力に欠けたところはないのだから）。

摂関政治によって、藤原氏が大きな権力を握る政治が続きました。

❖天台宗と真言宗

西暦八〇四年、平安時代になって最初の遣唐使が中国をめざしました。その中に、日本の仏教を担うことになる二人の僧がいました。最澄《さいちょう》と空海《くうかい》です。二人は中国でそれぞれ新しい仏教を学びました。

帰国した最澄は、今の滋賀県の比叡山《ひえいざん》に延暦寺《えんりゃくじ》を建て、「天台宗」を開きました。後の鎌倉時代になって親鸞、日蓮など多くの僧が修行しました。

空海は、今の和歌山県にある高野山《こうやさん》に金剛峯寺《こんごうぶじ》を建て、「真言宗」を開きます。空海は弘法大師の名でも知られています。

平安時代に生まれた仏教が、一二〇〇年の時を経て今に伝わっています。

✣ ひらがなの誕生

この時代になると、日本の風土や日本人の暮らしに合う文化も生まれます。

その一つが、かな文字。漢字をくずした「ひらがな」がこの時代に誕生します。安心の「安」がくずれて、「あ」の字に。「は」と読む「波」の字がくずれて、ひらがなの「は」の字に。ひらがなができたことで、日本語を話し言葉でそのまま書けるようになります。自分の感じたままを表現する言葉として、特に女性の間に広まりました。

その一人、天皇の后に仕えた紫式部は、『源氏物語』を書きました。身分の高い貴族、光源氏《ひかるげんじ》を主人公に繰り広げられる恋の物語です。

❖貴族の恋をこまやかに描く『源氏物語』

「いづれの御時《おほんとき》にか、女御《にょうご》、更衣《かうい》あまたさぶらひ給ひけるなかに、いとやんごとなき際《きは》にはあらぬがすぐれて時めき給ふありけり」(どの時代でしたか、天皇に仕える大勢の女性のなかで、さほど身分が高くはなくて、特別天皇に愛されている方がいました)。

その女性、桐壺《きりつぼ》に、光り輝くような男の子が生まれます。光源氏です。光源氏は学問にも音楽にも優れた才能を持つ美しい青年に成長します。そして、さまざまな女性との出会いと別れを繰り返します。

紫式部は、登場人物の気持ちを細やかに描きながら、五四帖《じょう》にも及ぶ壮大な物語を書き上げました。

❖鋭い感性でつづられた『枕草子』

紫式部と並び称されるのが清少納言です。清少納言も天皇の后に仕えていました。宮廷の暮らしで感じたことを書きつづった随筆が『枕草子《まくらのそうし》』です。およそ三〇〇の話が収められています。

そこには、清少納言が鋭い感性で見つめた平安時代の季節や自然、人々の気持ちが生き生きと描かれています。

❖貴族の暮らし、優雅な文化

貴族の女性が着る物も変わりました。「十二単《じゅうにひとえ》」です。色とりどりの着物を重ね合わせ、襟元やそで口に現れる重なり方の美しさで個性を表現しました。

厳島神社社殿

貴族が住む「寝殿造り《しんでんづく》」が生まれたのもこの頃です。建物の中は壁がなく、大きな部屋が広がっています。そこに屏風《びょうぶ》や、几帳《きちょう》といわれる布で間仕切りをして生活していました。

❖寝殿造りの厳島神社

寝殿造りの様式を今に伝える建物があります。水に浮かんで見える神社、広島県の厳島《いつくしま》神社です。世界遺産に登録されています。

寝殿造りは、中心となる建物とその左右の建物を通路で結んだ左右対称の形が特徴です。寝殿の前には舞や儀式の場となる庭や池がつくられました。厳島神社は、海を庭や池にたとえてつくられています。

建物や衣服、文字……。貴族が大きな力を持っていた平安時代、日本に優雅な貴族の文化が花開いたのです。

5

武士の台頭と鎌倉幕府

❖武士の誕生

平安時代の中ごろ。馬に乗り、弓矢を取って戦う人たち、「武士」が誕生します。貴族に支配されていた武士は、徐々に力をつけ、政治的発言力を強めていきました。

この章では、武士が自らの政権を打ち立てていった、平安時代の終わりから鎌倉幕府の時代を見ていきます。

❖二大勢力、源氏と平氏

律令制が崩れていくなか、九世紀の末から一〇世紀にかけて台頭してきたのが、武士でした。

地方では、国司として都から派遣されてきた貴族のなかに任期を終えてもそのまま残って武士になる者がいました。また、地方に住み、広い土地を経営する豪族のなかには、自分の土地を守るために武装する者が現れます。一方、都では役人たちが、貴族の身のまわりの警護や都の警備にあたる武士となっていきました。

武士たちは戦いに備えて家来を集め、次第に強力な武力を持つようになります。なかでも、天皇の子孫である源氏と平氏が率いる勢力が有力でした。

❖「平家にあらずんば人にあらず」

一一五九年、都で大きな争いが起こりました。「平治の乱」です。それを鎮《しず》めたのが、武士、平清盛《たいらのきよもり》でした。武士のトップに立った清盛は、天皇や貴族の信頼を得て出世を重ねていきました。そして、貴族の最高の地位「太政大臣《だいじょうだいじん》」にまで昇りつめました。平氏の歴史をつづった『平家物語』には、当時六六あった国のおよそ半分を平氏一門が支配した、と書かれています。

さらに、清盛の娘が高倉天皇の皇子を産みます。のちの安徳《あんとく》天皇です。摂関家と同じやり方で、清盛はその地位を一層確かなものにしました。

『平家物語』の一節、「平家にあらずんば人にあらず」。平家でなければ人ではないという意味です。平氏一門の権力の大きさを物語っています。

❖平氏の滅亡

しかし、平氏の政治を批判する勢力が次第に増えていきます。その中心の一人が、源《みなもとの》頼朝《よりとも》です。東国《とうごく》の武士たちの支持を得た頼朝は、鎌倉を拠点にして急速に大きな勢力を持つようになりました。

一一八一年、平清盛が病で亡くなります。一族の柱・清盛を失った平氏は、次第に源氏に追い詰められていきます。平氏最後の戦いの場は、今の関門海峡、壇ノ浦《だんのうら》でした。大きな力をふるった平清盛が死んでわずか四年後、平氏は滅亡しました。

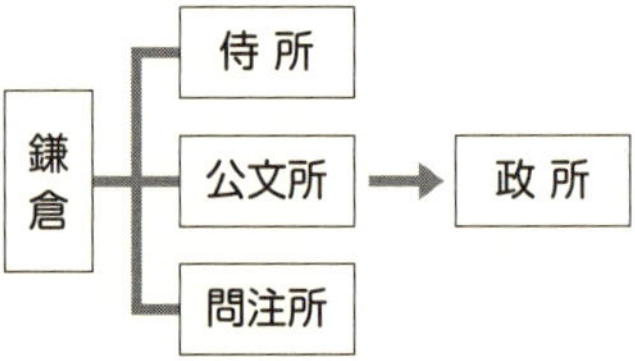

鎌倉幕府の 3つの役所

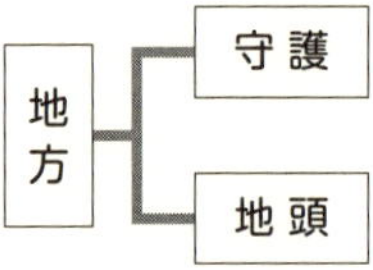

地方の組織

❖武士による政治の始まり

武士の頂点に立った源頼朝は、鎌倉に、武士たちが自ら政治を行う組織をつくりました。鎌倉幕府です。一一九二年には征夷大将軍《せいいたいしょうぐん》に任ぜられ、名実ともに幕府は形を整えました。

幕府には三つの役所がおかれました。侍所《さむらいどころ》は武士の取り締まりや軍事・警察などの仕事を行いました。公文所《くもんじょ》、のちの政所《まんどころ》は幕府の財政や政務を、問注所《もんちゅうじょ》は裁判を担当しました。

一方、地方には国ごとに、軍事や警察の役割を果たす「守護」、土地の管理や年貢の取り立てなどを行う「地頭」が置かれました。

❖御恩と奉公

将軍に仕える武士を御家人《ごけにん》といいます。将軍と御家人は、「御恩《ごおん》」と「奉公《ほうこう》」という関係で結ばれました。御恩とは、将軍が御家人に、先祖代々持っていた土地の所有を保証したり、新たに土地などを与えることです。奉公は、御家人が御恩に報いようと、将軍のために戦ったり、朝廷や幕府の警備をすることです。

この御恩と奉公の結びつきの強さを伝える話がのこっています。

❖今こそ御恩に応えるとき

頼朝が亡くなっておよそ二〇年後、鎌倉幕府と朝廷は争いになります。御家人は、幕府と朝廷、どちらにつくかで迷いました。このとき御家人を説得したのが、頼朝の妻、北条《ほうじょう》政子《まさこ》でした。

「頼朝公のおかげでみなの地位も上がり、土地も増えました。その御恩は山よりも高く、海よりも深い。今こそ、その御恩に応えるときです」。

政子の言葉を聞いた御家人は一丸となり、朝廷の軍を打ち破ったのです。

❖執権・北条氏

幕府を開いた頼朝がこの世を去り、子どもの頼家、実朝が二代、三代の将軍になります。この頃から、政子の実家の北条氏が執権となり、幕府を率いていくようになります。

執権は有力な武士との話し合いで政治を行いました。一二三二年、三代執権の北条泰時は、五一か条からなる御成敗式目《ごせいばいしきもく》を定めました。貞永式目とも言われます。御家人の権利や義務、裁判の規準を示した、初めての武士独自の法律です。

石　塁

❖元の襲来

一二七四年一〇月。中国大陸で大きな力をふるっていた元《げん》が、日本に攻めてきました。元は九〇〇隻もの大軍で北九州に押し寄せます。日本では見たこともない「てつはう」という爆弾などで、武士たちを苦しめました。

幕府の執権となっていた北条時宗《ときむね》は、元の二度目の攻撃に備えて守りを固めました。その一つが、現在も残っています。博多湾に面して造られた石の壁、「石塁《せきるい》」です。高さ二・五メートル、当時は長さが二〇キロメートルもあり、海からの敵に備えました。

✣幕府に対する不満

最初の攻撃から七年後の一二八一年、再び元が攻めてきました。しかしこの時も日本は、元の上陸を防ぐことができました。二度にわたる元の攻撃から日本を守った時宗。しかし、新たな土地を獲得したわけではなかったため、元と戦った御家人に「御恩」となる土地を十分に与えることができませんでした。

御家人は幕府に不満を持つようになり、幕府の信頼は失われていきました。一三三三年、ついに北条氏は滅び、鎌倉幕府は幕を閉じることになります。

6

室町幕府と民衆の成長

✣農業や商業の発達

室町時代、権力の座をめぐり、武士や貴族は争いを重ねていました。一方、農業や商業が発達し、人々の暮らしは大きく変わっていきます。

この章では、室町幕府の成立と、民衆の暮らしを見ていきます。

✣建武の新政と南北朝

鎌倉幕府による武士の政治が始まっておよそ一五〇年。幕府は次第に多くの武士の信頼を失っていきました。一三三三年、足利尊氏は後醍醐《ごだいご》天皇とともに鎌倉幕府を倒し、政治の舞台は鎌倉から京都に遷され、天皇中心の政治が始まりました。「建武《けんむ》の新政」です。

しかしまもなく、後醍醐天皇による政治に多くの武士が不満を持つようになります。そ

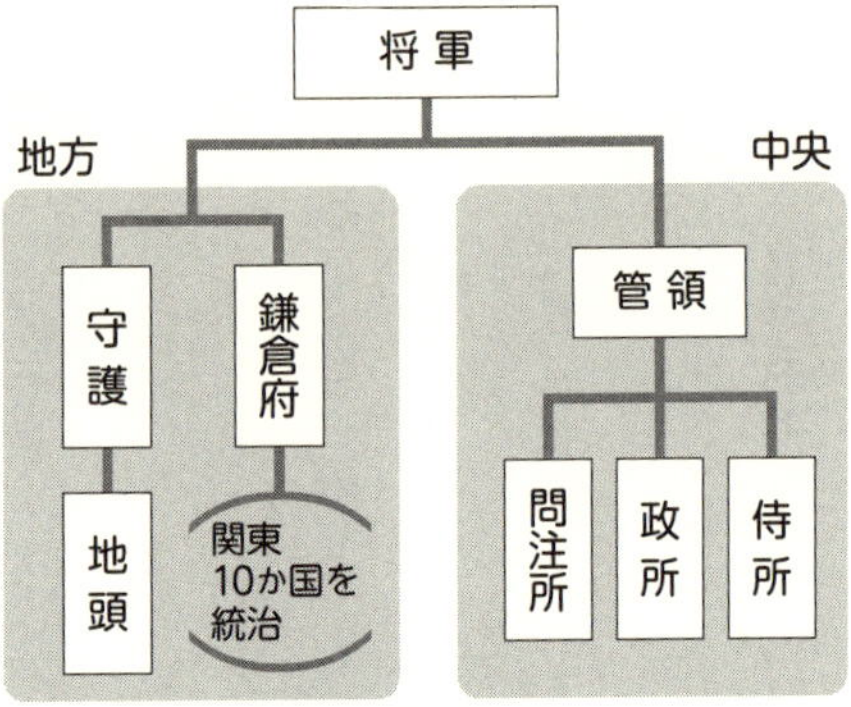

室町幕府の組織

のため、足利尊氏は別の天皇を即位させ、京都に幕府を開きます。後醍醐天皇は京都から奈良、吉野に逃れ、京都の朝廷と対立します。京都の「北朝」と吉野の「南朝」の争いは、およそ六〇年間続きました。

❖京都室町での政治

この対立に終止符を打ったのが、三代将軍の足利義満《よしみつ》です。義満は京都の室町という場所に、豪華な「花の御所《ごしょ》」と呼ばれる館を造りました。この地で政治を行ったため、足利氏の幕府は「室町幕府」と呼ばれるようになりました。

室町幕府には将軍を補佐する「管領《かんれい》」が置かれました。管領になったのは、それぞれの国を支配していた有力な守護大名です。管領の下には侍所、政所、問注所などが置かれました。地方には守護や地頭、関東には鎌倉府が置かれ、各地を支配しました。

政治のしくみが整い、室町幕府は朝廷をしのぐ権力を持つようになります。

❖「日本国王」足利義満

足利義満は、中国、当時の明《みん》に使者を送り、貿易をしようとします。貿易によって大きな利益を得るだけでなく、大国、明との関係を持つことで、自らの地位を確固たるものにしようと考えたのです。しかし明の皇帝、洪武《こうぶ》帝は、義満の申し出を認めませんでした。

最初に使者を送ってからおよそ三〇年後、義満は再び明に使者を送りました。やがて、義満が待ち望んでいた明からの国書が届きます。そこには「国王」とありました。義満は明の皇帝から、日本の「国王」であると認められたのです。

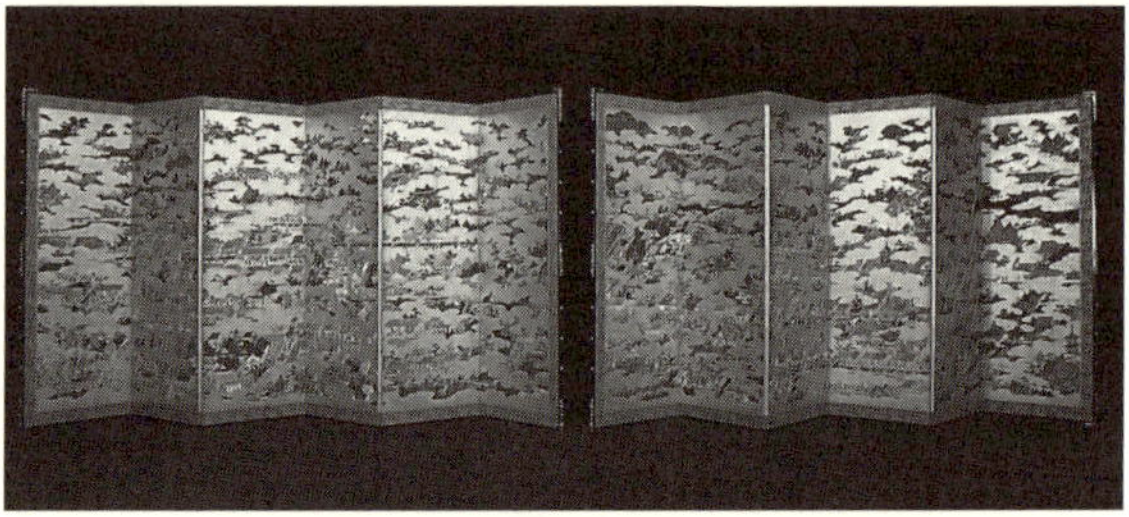

上杉本洛中洛外図屏風（米沢市上杉博物館蔵）

❖明との貿易がもたらした利益

当時の明との貿易は、日本が明の皇帝に貢物《みつぎもの》を送り、それに対して、明の皇帝から高価な品々をもらうというものでした。

日本から送ったものは、刀や槍《やり》、扇《おうぎ》、硫黄《いおう》など。特に、刀は明で大変な人気がありました。明からのお返しは、銅のお金や絹などでした。

義満によって始められた明との貿易は、室町幕府に大きな利益をもたらしました。

❖人々の暮らしのにぎわい

今から六〇〇年ほど前の京都を描いた「上杉本洛中洛外図屏風《らくちゅうらくがいずびょうぶ》」には、室町時代の人々の暮らしの様子が描かれています。店が並ぶ通りには、当時の男性がかぶっていた「烏帽子《えぼし》」といわれる帽子を売る店が見えます。野菜を売っている人もいます。京都ではさまざまな物が売り買いされていたことがわかります。屏風には米作りの様子も描かれています。

このころ、農業の技術が進歩し、米の収穫量が増えました。

❖農村・農業技術の発達

室町時代の農村が描かれた屏風絵、「月次《つきなみ》風俗図屏風」には、集団で田植えをする人たちや、その横で豊作を願って踊る人たちが描かれています。

このころ、村では「惣《そう》」という組織が作られ、人々の結びつきが強くなっていきました。

七十一番職人歌合〈部分〉(東京国立博物館蔵)

田を耕すのに牛や馬も使われています。農作業がはかどるようになり、牛馬のふんは良質な肥料となりました。また、米を作り終わった田んぼで麦などを作る「二毛作」も各地に広がりました。

✣活発化する経済活動

「七十一番職人歌合《しょくにんうたあわせ》」は、室町時代の職人たちを描いた絵です。下駄を作る人、傘に油を塗っている人もいます。布を広げている縫い物を専門とする女性も描かれています。

こうした手作業で物を作る人を表す「職人」という言葉は、室町時代に生まれました。農作物や、職人が作った製品は、都や各地の「市《いち》」で売られました。そこでは、明との貿易で入ってきた中国の貨幣が使われることも多くなりました。

京都の町では、貨幣による物の売り買いが盛んでした。土倉《どそう》、酒屋などの裕福な商人、そして寺院が金融業を営みました。お金を貸し、利子を取ることで大きな利益を得たのです。

室町時代には、都市をはじめ、各地で経済活動が活発になっていったのです。

❖将軍の後継ぎをめぐる「応仁の乱」

一四六七年、京都で大きな争いが起こりました。「応仁の乱」です。争いのきっかけは、室町幕府八代将軍足利義政《よしまさ》の後継ぎをめぐる対立でした。

足利義政は、はじめ、弟の義視《よしみ》を後継ぎにすると決めていました。しかし、義政に息子義尚《よしひさ》が生まれると、義視に替えて義尚を後継ぎとします。将軍の座をめぐり対立する弟の義視と息子の義尚、それぞれに有力な守護大名が味方し、戦いが始まりました。この争いは一〇年ほど続き、京都の町は焼け野が原になりました。

❖応仁の乱をきっかけに戦国時代へ

京都で始まった争いは、地方にも広がりました。自分の領地を守るのに懸命な守護大名。なかには自分の主《あるじ》に代わって実権を握る者も現れました。それらが、敵味方に入り乱れ、戦いを続けたのです。

応仁の乱をきっかけに、時代は「戦国時代」へと向かっていきました。

7

鎌倉・室町文化

✣貴族、武士、仏教の影響を受けた文化

鎌倉時代に入り、日本は武士中心の社会に変わりました。室町時代になると、その文化は貴族、武士、仏教の影響を受け、新しい形が生み出されます。

この章では、鎌倉と室町、二つの時代の文化を見ていきます。

✣金剛力士像の写実的な表現

奈良、東大寺の南大門《なんだいもん》。ここに、鎌倉時代を代表する仏像が置かれています。高さ八メートル余りの「金剛力士像」です。東大寺を守るための仏像で、運慶《うんけい》と快慶《かいけい》によって作られました。

口を固く結んでいるのは、「吽形《うんぎょう》」。怒りの表情を表しています。吽形と向かい合う形で

東大寺南大門金剛力士像(国宝，上：阿形，下：吽形)

立つもう一体が、「阿形《あぎょう》」。大きく口を開けて雄叫びを上げる表情です。左手を大きく開き、来るものを制止して、威嚇しています。どちらも胸や腕の盛り上がった筋肉など、写実的な表現です。

一方、「大日《だいにち》如来《にょらい》坐像《ざぞう》」(円成寺《えんじょうじ》所蔵)は、運慶がそれまでの伝統的な技法で作ったものです。なめらかな曲線で表現され、柔らかで優雅な姿です。

運慶、快慶は金剛力士像を、武士の時代に合った形で力強く表現したのです。

❖新しい仏教(1)

平安の終わり頃から鎌倉時代にかけて、武士による争いが繰り返されました。この時代、争いを続ける武士や、飢饉《ききん》で苦しむ人々の心のよりどころとなる新しい仏教が誕生します。

法然は「浄土宗」を開き、一心に「南無阿弥陀仏《なむあみだぶつ》」と唱えればだれでも極楽浄土に生まれ変われる、と説きました。その弟子、親鸞は法然の教えを一歩進め、「浄土真宗」を開きます。一遍が開いたのは「時宗」です。阿弥陀仏に救われる喜びを踊りによって表す「踊念仏《おどりねんぶつ》」を通じて人々に教えを広めました。

❖新しい仏教(2)

日蓮の「日蓮宗《にちれんしゅう》」は、法華経《ほけきょう》の題目「南無妙法蓮華経《なむみょうほうれんげきょう》」を唱えれば、人も国も救われると説きました。一方、座禅を組み、悟りを開く「禅宗《ぜんしゅう》」という仏教も生まれます。栄西の「臨済宗《りんざいしゅう》」、道元の「曹洞宗《そうとうしゅう》」です。

このように多くの僧が、わかりやすく実行しやすい新しい仏教を開き、人々のあいだに広めたのです。

❖室町時代を代表する金閣

京都、北山に室町時代を代表する寺があります。鹿苑寺《ろくおんじ》金閣《きんかく》です。室町幕府三代将軍、足利義満が建てました。当時には珍しい三層三階建てです。

一階には貴族の建物の造りが取り入れられています。その一つが「しとみ戸」。戸をつり上げると、部屋の中に光を取り込むことができます。二階には武士の建物の造りが見られます。建物の内と外を仕切るのは、武士の家で使われていた「引き戸」です。三階の丸みを帯びた窓は、寺の窓と同じ形。

貴族、武士、仏教の文化を合わせ、足利義満は新しい文化を生み出そうとしたのです。

❖禅宗の影響が現れた銀閣

八代将軍足利義政の頃になると、禅宗の影響が強く現れます。京都、東山の慈照寺《じしょうじ》銀閣《ぎんかく》。美しい庭と、簡素で気品がある建物は、この時期の文化の特徴を表しています。

銀閣の近くに建つ東求堂《とうぐどう》の中は、ふすまや障子などで仕切られ、床には畳が敷きつめられています。また、書き物をするための「書院」や、「違い棚」といった、部屋のかざりが整えられています。

こうした造りを「書院造《しょいんづくり》」といいます。

❖和室の原型「書院造」

それまでの貴族や武士の暮らしを描いた絵をみると、部屋には間仕切りがなく、「御簾《みす》」と呼ばれるすだれなどを使い、部屋を仕切っていました。床は板の間で、座ったり寝たりする所にだけ、畳などを敷きました。室町時代に生まれた「書院造」は、現在の和室の原型になっています。

❖芸術として完成された能

「能」は、室町時代の中ごろ、観阿弥《かんあみ》、世阿弥《ぜあみ》の親子によって完成されました。鼓や太鼓の楽器に合わせて歌や舞を舞う「猿楽《さるがく》」、そこに物語を加え、独特の動作で人の気持ちを表したのが、能です。義満はこの能を手厚く保護し、芸術として高めました。

四季山水図〈部分〉(国宝，毛利博物館蔵)

✣国宝「四季山水図」

日本を代表する水墨画家、雪舟は、中国に渡って水墨画を学び、独自の作品を作り出しました。国宝「四季山水図」。長さ一六メートルにもおよび、四季の景色が描かれています。

春、険しい山を一人の男が登るところから始まっています。水辺の景色は初夏。柳の木のみずみずしさが描かれています。秋、村のにぎわい。道行く人の着物にわずかに色が施されています。そして冬、静かな山里です。

雪舟は、自分が持っている技法のすべてを使って、四季折々の日本の美しさをこの山水図に描きました。室町時代、今に伝わる多くの文化が花開いたのです。

8

戦国の動乱から天下統一へ

❖信長、秀吉：天下統一への道のり

力のある者が、武力によって勢力を広げていった、戦国時代。多くの大名たちがしのぎをけずるなか、二人の武将が躍り出ました。織田信長、そして、豊臣秀吉です。

この章では、信長と秀吉が、戦国の動乱を終わらせ、天下統一へ突き進んだ道のりを見ていきます。

❖運命を変えた「桶狭間の戦い」

戦国時代。それまで力を持っていた多くの守護大名が衰えてきました。そして、守護大名に替わり、「戦国大名」が勢力を伸ばしてきました。その一人、織田信長。戦国の世は、信長の登場によって全国統一へと大きく動き出すことになります。

織田家は、強敵に囲まれた尾張《おわり》(今の愛知県)の小さな勢力にすぎませんでした。その織田家を継いだ信長の運命を変えたのが、一五六〇年の「桶狭間《おけはざま》の戦い」です。

❖天下に知れわたった「織田」

相手は、駿河《するが》(今の静岡県)の今川義元です。今川義元は二万五〇〇〇の大軍を率いて信長の領地に攻め込もうとしました。迎える織田の兵は二〇〇〇。敵の一〇分の一以下です。

信長は、機を見て今川軍に攻撃を仕掛けます。不意を突かれた今川軍は大混乱。義元は討ち死にして、信長の大勝利となりました。このとき、織田信長二七歳。大きな力を持っていた今川義元を倒したことにより、その名は天下に知れわたりました。

❖武田を破った「長篠の戦い」

一五七五年、信長は、甲斐《かい》(今の山梨県)の国の一大勢力、武田信玄の子、武田勝頼《かつより》と対決します。「長篠《ながしの》の戦い」です。

最強と恐れられた武田の騎馬軍が、信長の軍に攻め込んだそのときです。

「放てえーっ!」。

「ダダーンッ」。

信長の軍が用意していたのは、大量の火縄銃《ひなわじゅう》でした。その数は、一〇〇〇とも三〇〇〇ともいわれています。休みなく火縄銃を撃ち続ける織田軍。武田の騎馬軍は、なす術もなく倒されていきました。

この長篠の戦いでも、信長は勝利を収めたのです。

❖信長の「楽市楽座」

天下統一のためには武力だけではなく経済力、お金の力も必要だと考えていた信長は、

「楽市楽座《らくいちらくざ》」という制度を打ち出します。

それまで商人たちは、「市」で自分の商品を売るとき、土地の所有者である寺などに場所代を支払わなければなりませんでした。また、「座」という同業者の団体が商売を独占していたため、許可なく店を出すことはできませんでした。

「楽」とは自由という意味です。信長はこれらの特権を廃止し、楽市楽座によってだれもが自由に市で商売をすることができるようにしたのです。信長が支配する町は大いににぎわい、武力と経済力を手にした信長は天下統一に向けて進んでいきます。

❖壮麗な安土城の建築

織田信長は、京都に近い安土《あづち》の地に、周囲を圧倒する城を築きました。安土城です。城は七階建てで、いちばん上には塔が作られたと考えられています。滋賀県安土町(今の近江八幡市)に再現された塔には、金や漆がふんだんに使われ、天井や壁には、一流の絵師による絵が描かれていました。信長はこの塔を「天主《てんしゅ》」と呼んだといわれています。自分こそが天下を治めるにふさわしいと考えていた信長。安土城は、その意思を形にした城だったのです。

❖信長の後継者、秀吉

豊臣秀吉は、信長に仕える家臣の一人でした。ところが、一五八二年、京都で事件が起こります。信長は、有力な家臣の一人、明智光秀に襲われ、自ら命を絶ちます。「本能寺《ほんのうじ》の変《へん》」です。

このとき秀吉は、中国地方を支配する毛利輝元と戦っていました。事件の知らせを聞いた秀吉は、ただちに戦いを終わらせ、京都に向かいます。そしてだれよりも先に、明智光秀を倒しました。

これをきっかけに、秀吉は多くの家臣のなかから抜け出し、信長の後継者の地位を手にしました。このとき、秀吉は四六歳でした。

❖ついに成し遂げた天下統一

信長の志を継いで天下統一をめざす秀吉は、「関白」という朝廷の高い職につきます。こうすることで、ほかの戦国大名を従えようとしたのです。

秀吉は、天皇の名で、大名同士が争うことを止めさせる命令を出しました。従わない大名には大軍を差し向けました。まず、九州の島津を降伏させます。そして一五九〇年には、関東の北条を攻め滅ぼし、東北の伊達《だて》を服従させました。

秀吉はついに、天下統一を成し遂げたのです。

❖「太閤検地」

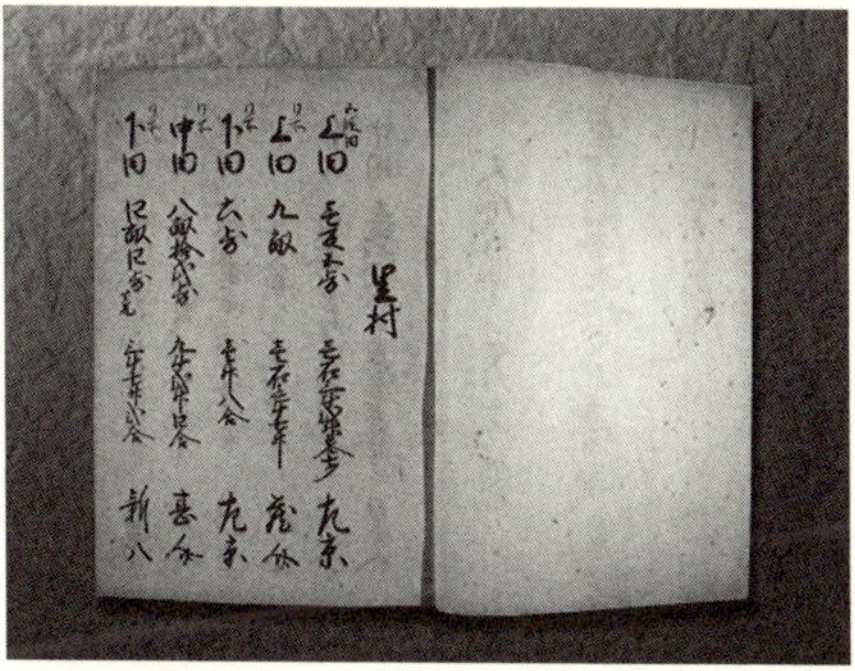

豊後国検地帳（大分県立先哲史料館蔵）

豊臣秀吉は、その支配を確かなものにするために、さまざまな政策を行いました。その一つが「検地《けんち》」です。

全国の田や畑の広さや収穫量などを調べ、地域ごとに異なっていた土地の価値を、米の収穫量で示すことに統一しました。また「検地帳」を作り、どの土地をどの農民が耕し、税を納めるのかをはっきりさせました。この検地を「太閤検地」といいます。

当時の検地帳が残っています。米がたくさん穫れる田んぼは「上田《じょうでん》」とランク付けされています。広さも記され、その土地を耕し、税を納める人の名も書かれています。

❖「刀狩り」

さらに秀吉は、「刀狩令《かたながりれい》」を出します。農民から武器を取り上げ、農業に専念させるためです。一方で、武士と農民を分ける「兵農分離《へいのうぶんり》」を行いました。秀吉は、戦乱のない国づくりの基礎を作ったのです。

織田信長がめざした天下統一。その夢は、豊臣秀吉によって、成し遂げられたのです。

9

幕藩体制の確立

❖徳川家康が開いた江戸幕府

徳川家康。およそ二六〇年続く江戸幕府を開いた人物です。家康は、さまざまな制度を作り、大名を従わせます。家康から三代将軍家光の時代にかけて、幕府のしくみは作られていき、その支配をゆるぎないものにしました。

この章では、江戸幕府とそのしくみを見ていきます。

❖関ヶ原の戦い

岐阜県関ケ原町。一六〇〇(慶長五)年、ここで、天下分け目の戦いが行われました。「関ヶ原の戦い」です。戦ったのは、豊臣秀吉の死後、天下をねらう東軍徳川家康、その兵およそ七万。対するは、豊臣政権を守ろうとする石田三成率いる西軍、およそ八万。全

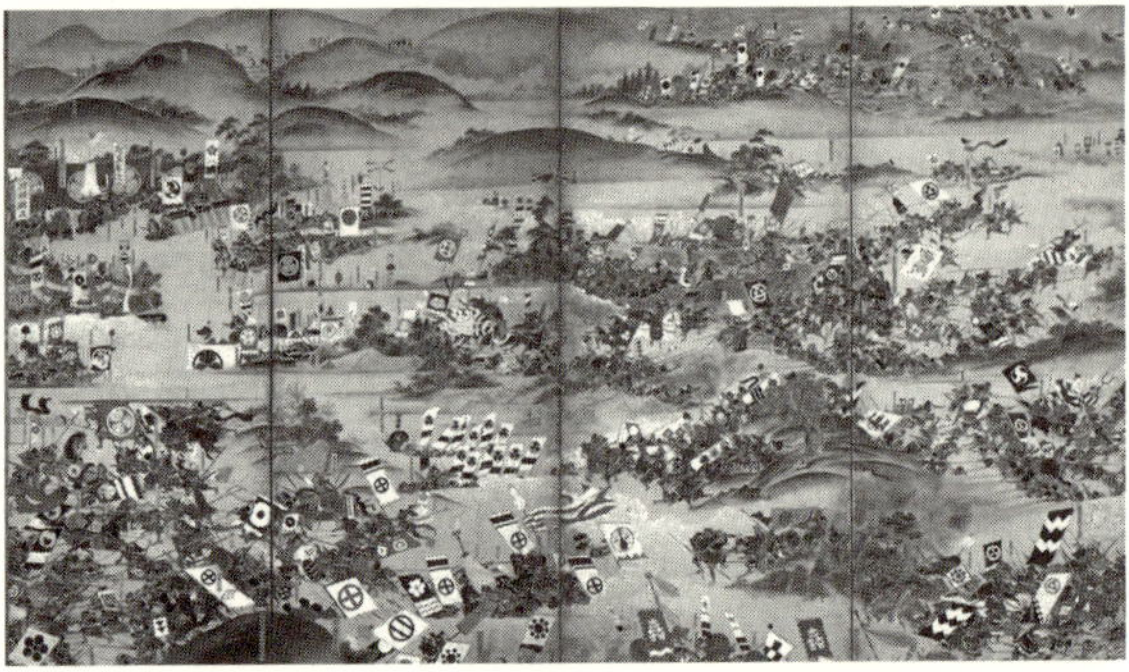

関ヶ原合戦図屏風(岐阜市歴史博物館蔵)

国の大名が真っ二つに割れた天下分け目の戦いでした。

戦いの前にすでに駆け引きは始まっていました。家康が東北の大名伊達政宗に出していた手紙には、「自分に味方すれば領地を与える」と書かれています。家康はあらかじめこうした手紙を一五〇通以上も書いていました。

❖家康の大勝利

一六〇〇年九月、両軍は激突しました。三成率いる西軍が戦いを優位に進めます。そのとき、異変が起こります。小高い山の上にいた一万五〇〇〇を超える西軍の軍勢が突如裏切り、味方の軍に攻めかかったので

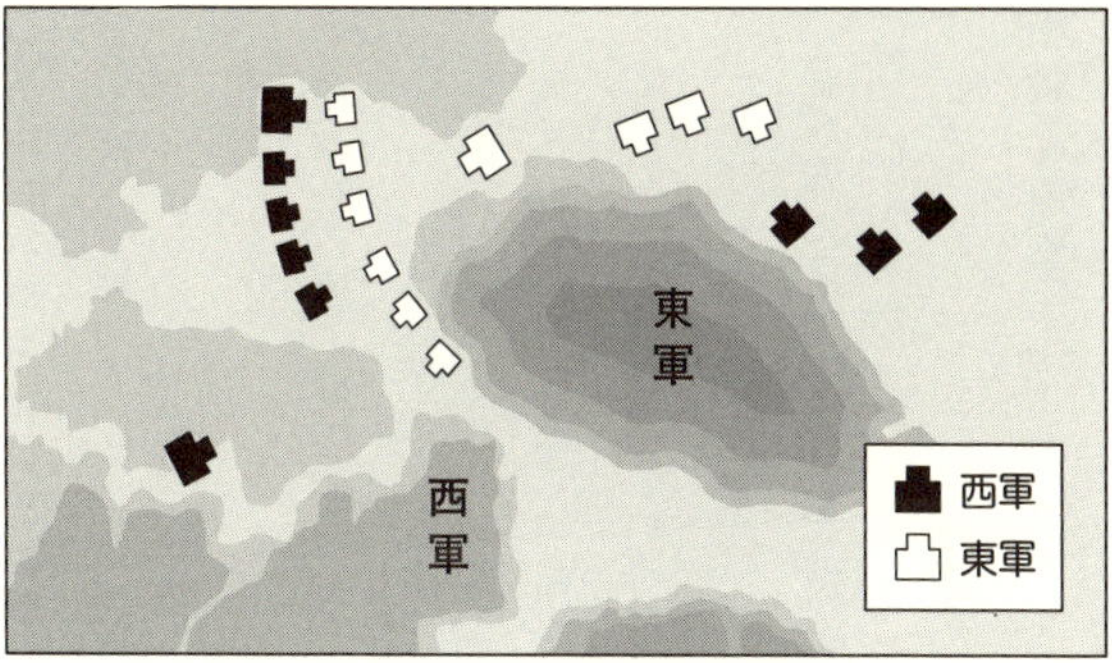

関ヶ原東西配置図

す。形勢は一気に逆転しました。結果は、家康の大勝利。これをきっかけに、家康は最も力のある大名になります。

関ヶ原の戦いに勝利した徳川家康は、一六〇三年、「征夷大将軍」となり、江戸に幕府を開きました。

❖国家安康、君臣豊楽

徳川家康が江戸に幕府を開いたあとも、豊臣家は、依然、大坂を中心として力を持っていました。家康は、豊臣家を滅ぼす機会をねらっていました。そこで目をつけたのが、豊臣家と関係が深い京都の方広寺という寺の鐘に刻まれた文字、「国家《こっか》安康《あんこう》」と「君臣豊楽《くんしんほうらく》」。

「国が平和で、みんなが豊かに楽しむ」という意味です。家康はこれを、「自分の名前をわざわざ切り離しているので無礼である」と言いがかりをつけたのです。

✣大坂冬の陣・夏の陣

これを口実に、一六一四年一一月、家康は大坂城の豊臣家を攻めました。「大坂冬の陣」です。しかし大坂城は、周囲に大きな堀をめぐらせているため、なかなか攻めきれません。

そこで家康は策略をめぐらし、堀を埋めるよう豊臣家に持ちかけました。そして、翌一六一五年五月、家康は再び大坂城を攻撃します。「大坂夏の陣」です。家康の作戦によって堀が埋められていた大坂城は、わずか三日で攻め落とされました。

✣幕藩体制(1)

徳川家康が開いた江戸幕府で将軍の直接の家臣を「旗本」と「御家人」といいます。彼らは江戸に住み、幕府の軍事や政治を分担しました。

一方、全国各地の大名を支配するしくみも整えられました。大名とは、将軍から一万石以上の領地を与えられ、将軍と主従関係を結んだ有力な武士のことです。その数、全国でおよそ二〇〇。

大名の領地とその領地を治めるしくみを「藩」といいます。幕府は大名を三つに分けました。徳川家の一族である「親藩《しんぱん》」、代々徳川家に仕えてきた「譜《ふ》代《だい》」、関ヶ原の戦いのあとに家臣となった「外様《とざま》」です。

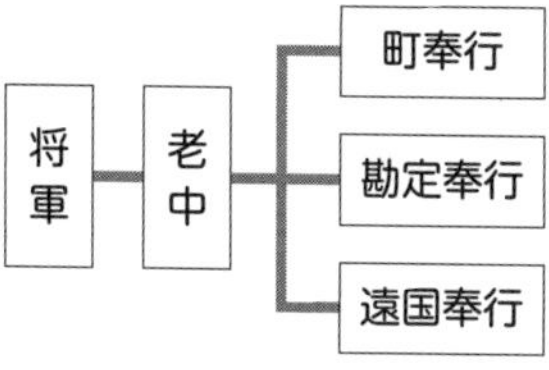

江戸幕府のしくみ

❖幕藩体制(2)

幕府の政治のしくみも整えられました。将軍のもと、政治を行う最高責任者は「老中《ろうじゅう》」。老中のもとで、「奉行《ぶぎょう》」がそれぞれ仕事を分

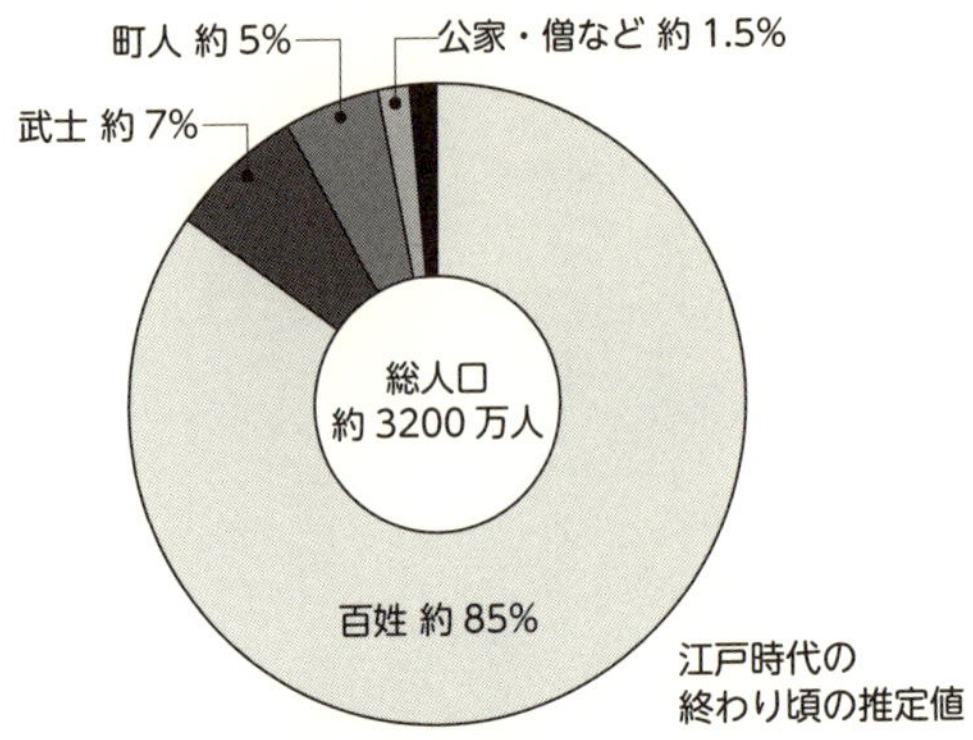

身分別の人口割合（資料：近代日本経済史要覧）

担しました。これらの役職には、旗本や譜代大名が選ばれました。幕府と藩によるこうしたしくみを「幕藩体制」といいます。

❖江戸時代の身分制度

人々を職業により区別する制度も作られました。武士、町人、百姓です。武士は、社会を支配する身分で、苗字を名乗り、刀を持つことが許されていました。町人とは、職人や商人。百姓とは、農業や漁業、林業に携わる人々のことです。

江戸時代の終わり頃の人口の割合をみると、総人口およそ三二〇〇万のうち、八五パーセントが百姓でした。また、百姓や町人とは別に、職業や住む場所を厳しく制限されるなど、差別を受けた身分が置かれました。

❖武家諸法度の制定

全国の大名を江戸幕府に従わせるため、二代将軍秀忠は厳しい決まりを作りました。「武家諸法度」です。「大名は新しく城を造ってはいけない」、「許可なく結婚してはいけない」……。武家諸法度は、大名の行動を取りしまり、反乱を起こさないようにするための決まりでした。

さらに、三代将軍家光はこの武家諸法度に新たな決まりを加えました。「参勤交代」です。大名は一年おきに江戸と自分の領地を行き来することが決められました。幕府が決めた数の供を連れて江戸までやって来るのです。従わないと、領地を没収されるなど厳しい罰を受けました。

❖参勤交代

仙台藩(伊達家)の参勤交代の様子が描かれた絵がのこっています。大名はかごで移動します。その絵には、一五七七人もの人が描かれています。仙台から江戸までおよそ三五〇キロメートル。七泊八日をかけたといわれています。

江戸についた大名は、一年間江戸で暮らし、領地に帰るときは、自分の妻や子どもを人質として江戸に残さなければなりませんでした。江戸幕府は、こうした厳しい制度で大名を従え、長く続く江戸時代を築いていったのです。

10

江戸時代の産業と交通

✣産業と交通

幕府の支配体制が確立して、戦《いくさ》はなくなり、世の中には平和が訪れました。人々の身分は、武士と、町人や百姓などと、しっかり分けられました。そして交通の手段が整えられ、江戸時代は大きく栄えていくことになります。

✣増産政策と新田開発

江戸時代、農村では収穫量を増やすことに力が注がれました。収穫量が増えると、幕府や藩にとっては、米など多くの税を集めることができるのです。新しく土地を開くことにも力が注がれます。千葉県北東部の当時の絵図には、真ん中に湖があります。それが数年後には、水田に変わりました。こうした開発を「新田開発」といいます。

農耕春秋屏風〈部分〉(会津若松市蔵)

✣農具の進歩

農作業で使われる道具も大きく進歩しました。土を深く耕すことができる「備中鍬《びっちゅうぐわ》」。簡単に稲からもみをとることができる「千歯扱《せんばこき》」。風を送ってもみ殻などを飛ばし、米ともみ殻を分ける「唐箕《とうみ》」などです。これらの道具により、作業の手間が大幅に短縮されました。

✣商品作物の普及と特産物

一年間の農民の暮らしが彩り豊かに描かれた当時の

絵図には田植え、そして大根畑があり、ナスも栽培している様子が描かれています。米だけではなくさまざまな野菜が作られるようになりました。

実りの秋、刈り入れが行われ、宴会を開いて楽しむ姿も見えます。野菜などは商品として、人々が集まる町へと運ばれていきました。そうした作物を「商品作物」といい、各地でお金による取引が行われるようになりました。日本各地で特産物の生産に力が注がれるようになったのです。

今の静岡や京都の名産であるお茶、山梨のぶどう、和歌山のみかんなどです。その土地の名産品として今でも親しまれています。

❖漁法の改良と金肥の普及

江戸時代には漁業も大きな発達を見せます。漁に使われる網が改良され、魚がたくさん獲れるようになりました。今の千葉県九十九里浜の地曳網《じびきあみ》によるイワシ漁、北海道渡島《おしま》半島付近の刺網《さしあみ》によるニシン漁などです。

イワシやニシンは「干鰯《ほしか》」や「〆粕《しめかす》」といった肥料に加工されました。これらは油かすとともに、「金肥《きんぴ》」と呼ばれ、農村での商品作物の生産に欠かせないものとして普及しました。

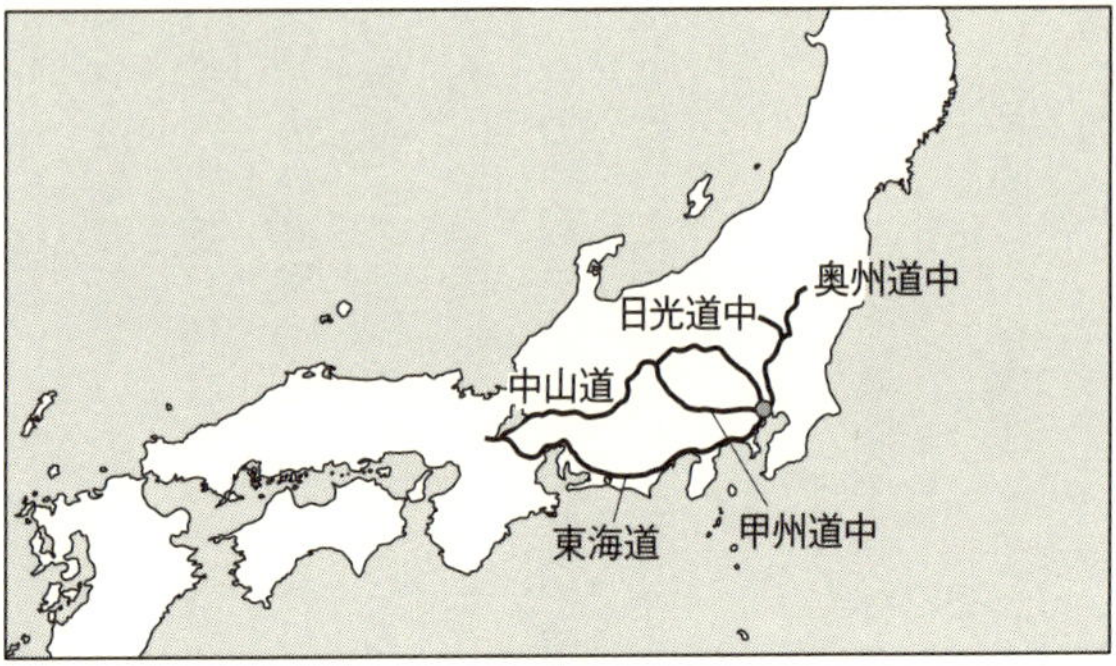

五街道

❖道路網の整備(1)　五街道

江戸幕府は江戸と全国を結ぶ道路の整備を行いました。なかでも「五街道」と呼ばれる、東海道・中山道・甲州道中・日光道中・奥州道中は、重要な幹線道路でした。これらの街道は大名の参勤交代などに使われ、街道沿いには宿場が設けられました。

宿場は、大名の宿となる「本陣」や、家来や旅人が泊まる「旅籠屋《はたごや》」などを中心とした町で、大名の一行や旅人でにぎわっていました。

✣道路網の整備(2)　関所

また、街道の要所に置かれた「関所」では、通行人に対して厳しい取り締まりが行われました。特に、人質として江戸に住まわされていた大名の妻や子どもが国元へ逃げ出さないか、あるいは鉄砲などの武器が江戸に持ち込まれないか、監視していました。「入鉄《いりでっ》砲《ぽう》・出女《でおんな》」といいます。

また、「脇街道《わきかいどう》」と呼ばれる道もつくられ、全国の都市が道で結ばれていったのです。

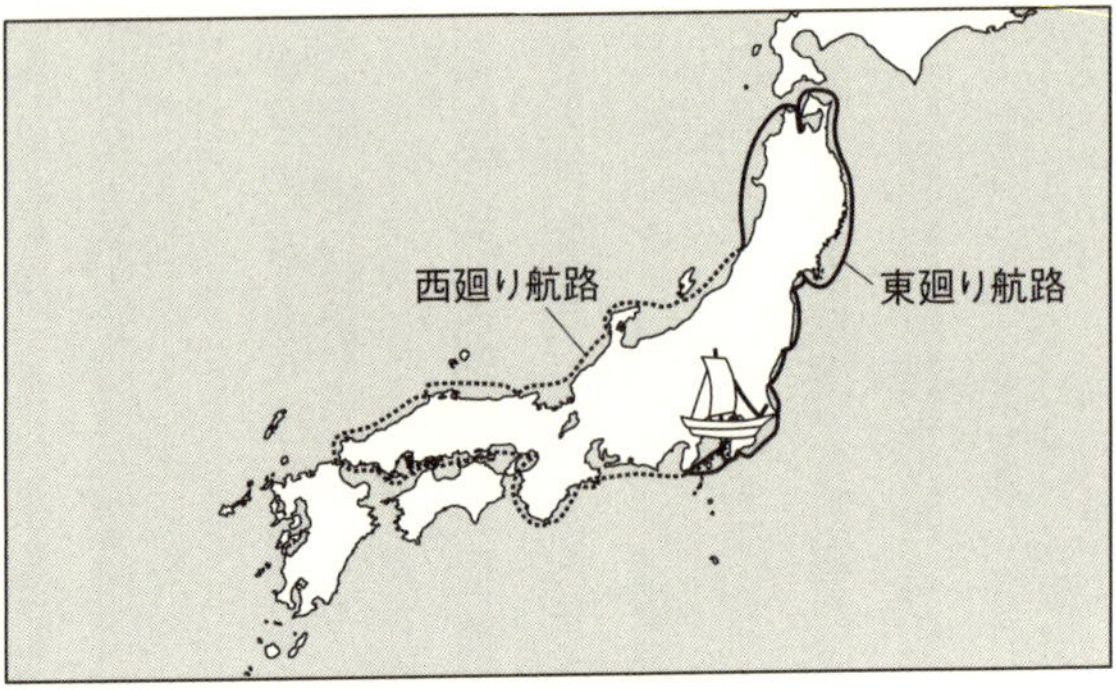

西廻り航路と東廻り航路

✣海上交通網の発達

大坂の町、蔵の前にたくさんの荷物が積まれている様子を描いた図があります。これらを運ぶときに活躍したのが船です。日本各地から集められた年貢米は、各藩の蔵があった大坂や江戸へ送られました。

今の山形を出発点に、佐渡、島根、山口、そして瀬戸内海を通って大坂へ向かいます。大坂を出た船は、紀伊半島をまわって江戸へ向かいます。これを「西廻り航路」といいます。一方、山形を出て東北地方から太平洋沿岸を通り江戸に入るルートが「東廻り航路」です。

特に荷物の運搬が盛んだった大坂と江戸のあいだに

は「菱垣廻船《ひがきかいせん》」や「樽《たる》廻船」など、多くの船が行き交いました。こうした船の登場で、大量の荷物を一気に運ぶことができるようになったのです。

✣貿易の振興から鎖国へ

江戸時代の初め、商人を中心に人々は盛んに海外へと進出するようになっていました。フィリピン、ベトナム、カンボジア、タイなど東南アジアの各地に「日本町《にほんまち》」が作られ、外国と広く交流するようになったのです。

しかし、一六三七年に起きた「島原の乱」をきっかけに、海外との貿易は厳しく制限されるようになります。三代将軍、徳川家光はスペイン船に加え、ポルトガル船の来航も禁止し、オランダ人を長崎の出島《でじま》に移して厳しく監視しました。いわゆる「鎖国」です。

寛文長崎図屏風〈部分〉(長崎歴史文化博物館蔵)

✣ 鎖国下の貿易(1) 長崎

キリスト教を広めないとしたオランダや中国との貿易は続いていました。オランダとの貿易は長崎の「出島」に限られていました。出島は人工の島で、日本人の出入りは厳しく制限されました。

中国との貿易の窓口となった、出島近くの「唐人屋敷《とうじんやしき》」の絵には、たくさんの人が中国から届いた荷物を運んでいる様子や、宴会を開いている人たちも描かれています。

✣ 鎖国下の貿易(2) 対馬・琉球・松前

長崎以外でもさまざまな交流が行われていました。朝鮮と交流していた対馬《つしま》藩。朝鮮からは将軍が替わるごとに、お祝いの使者が遣わされました。「朝鮮通信使」です。薩摩《さつま》藩は琉球王国と、また北海道の松前藩は蝦夷《えぞ》地のアイヌの人々との交易を行っていました。

鎖国という制限されたなかでも、これら四か所を中心に、交流が行われていました。江戸時代、産業が発達するとともに、国の内外で多くの人や物が行き来するようになったのです。

11

江戸時代の文化

❖江戸時代の文化

江戸時代、およそ二六〇年にわたり、安定した世の中が続きました。経済的余裕が生まれ、人々は娯楽や学問に時間を割くようになります。

江戸幕府が開かれてからおよそ一〇〇年経った「元禄《げんろく》」の頃は、文化の中心は大坂や京都などの「上方《かみがた》」でした。江戸時代も終わりに近づいた「文化・文政」の頃になると、文化の中心は江戸へと移り、庶民が楽しむものが増えていきました。この章では、長い江戸時代の中で生まれた文化には、どのような特徴があったのかを見ていきます。

❖華やかな元禄文化

五代将軍、徳川綱吉のときの元禄時代。このころ、商品は遠くの町へ運ばれるようになり、特に大坂を中心とする「上方」と「江戸」のあいだでは、人や物がたくさん行き交いました。

「天下の台所」といわれた大坂では、町人が力をつけ、武士などとともに元禄文化を担っていきました。俵屋宗達《たわらやそうたつ》の「風神雷神図屏風」。尾形光琳《おがたこうりん》の「八橋蒔絵螺鈿硯箱《やつはしまきえらでんすずりばこ》」。土佐《とさ》光起《みつおき》の「源氏物語図屏風」。こうした元禄時代の作品の多くは、豪華で洗練されたものでした。

❖作者・近松門左衛門

江戸時代、人々は人形浄瑠璃《じょうるり》や歌舞伎などの芝居を楽しんでいました。そうした芝居の脚本を書き、人々の心をつかんだのが、近松門左衛門です。武士の家に生まれた近松ですが、人形浄瑠璃の一座に加わり、語り手である太夫《たゆう》のもとで修業を積みます。三三歳のとき、「時代物」と呼ばれる芝居、『出世景清《しゅっせかげきよ》』が大ヒットします。源氏と平氏の戦いで、源頼朝に敗れた武士の物語です。

近松は、自分の書いた脚本に「作者　近松門左衛門」と書きます。それまで記されることのなかった作者の名前を、初めて記したのです。

❖人形浄瑠璃の新しい風

近松が五一歳のとき、『曽根崎心中《そねざきしんじゅう》』という作品で、人形浄瑠璃に新しい風を吹き込みます。大坂の町で起きた、若い男女の心中事件を題材にしました。

この、実際の出来事を元に書かれたものは、「世話物」と呼ばれました。人形浄瑠璃だけにとどまらず、歌舞伎の脚本も手がけるようになります。近松は、生涯でおよそ一二〇の作品を世に出しました。

❖『ターヘル・アナトミア』の翻訳

オランダ語で書かれた医学書『ターヘル・アナトミア』。これを医者の杉田玄白、前野良沢らは日本語に翻訳し、日本の医学の発展に大きく貢献しました。当時読まれていた中国の医学書には実際の身体のなかとはずいぶん違って書かれていました。

杉田玄白が『ターヘル・アナトミア』と出会ったのは三九歳のとき。オランダ語で書かれた本を読めなかった玄白ですが、それまで見ていた中国の医学書などとはずいぶん違うと一目でわかりました。本の内容をもっと知りたいと思った玄白は、仲間の医者たちと日本語にする作業にとりかかかります。

❖『解体新書』と蘭学

作業を始めて三年半、苦労の末に生まれたのが『解体新書』でした。『解体新書』は、

解体新書（国立大学法人東京医科歯科大学図書館蔵）

日本の医学の進歩に大きな役割を果たし、人々がオランダ語で学ぶきっかけともなりました。

当時オランダのことを、「阿蘭陀」と書きました。この「蘭」の文字から、オランダ語の本から学ぶことを「蘭学《らんがく》」といいました。

❖化政文化の担い手は町人

一八〇〇年頃、江戸は繁栄の最盛期を迎えました。このころの文化を、「文化・文政時代」の名から取って「化政文化」といいます。

この新しい文化を支えたのは町人たちでした。人々は遊び心にあふれた浮世絵などを楽しみました。たとえば、一見、小鳥に見える影の正体は人の姿、という絵など……。人々はこうした作品を買い求め、楽しんだのです。

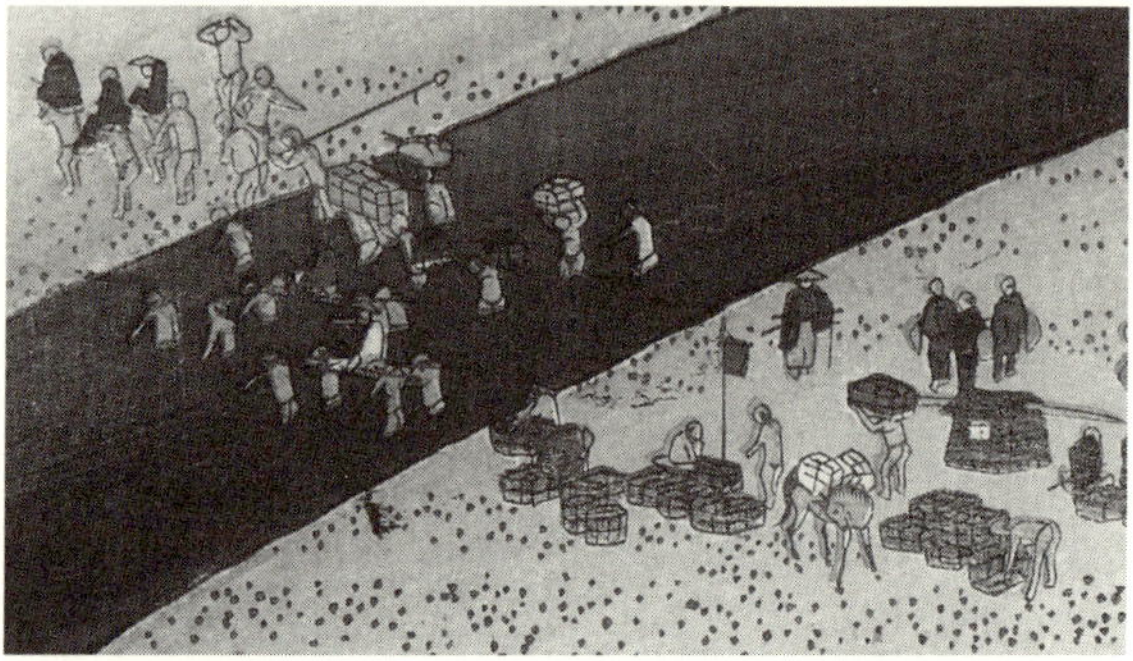

東海道五十三次之内　嶋田　大井川駿岸〈部分〉（静岡市東海道広重美術館蔵）

❖「東海道五十三次」

江戸の日本橋から京都へ向かう東海道。その間にある五三の宿場町を描いた浮世絵が「東海道五十三次」です。描いたのは浮世絵師、歌川広重です。

広重は当時のベストセラー小説『東海道中膝栗《とうかいどうちゅうひざく》毛《りげ》』に注目し、登場人物の弥次さん、喜多さんが見たであろう東海道の風景を浮世絵にしました。

神奈川県の箱根……、富士山の手前に山がそそり立ち、ふもとの湖を見下ろします。手前の街道には武士の行列が進んでいます。静岡県の大井川……、当時は橋がなく、川の中を進まなければならない難所でした。広重の絵から、当時の東海道の様子を知ることができます。

❖版画で刷られる浮世絵

人気役者や町の女性たちなどをモデルに、浮世絵は多くの人々を楽しませました。浮世絵は、それまでは「肉筆」と呼ばれ、一点一点手で描かれていました。

江戸時代のなかば以降、版画で同じ浮世絵を何枚も作るようになります。まず絵師が墨で絵を描き、配色を決めます。彫師《ほりし》は絵の線の部分のみを残して彫ります。色をのせる部分は別の板に彫り、塗る色ごとに版木《はんぎ》を変えます。版木が完成すると摺師《すりし》が、色がずれないように刷っていきます。

こうして人気の浮世絵は大量に作られるようになっていきました。浮世絵の値段は、当時、そば一杯と同じくらいでした。値段が手ごろになり、多くの人々に親しまれるようになったのです。

❖江戸時代の学校・寺子屋

江戸時代の寺子屋《てらこや》の様子を描いた図があります。子どもたちが読み書きやそろばんなどを習っている様子が描かれています。先生は、武士や医者、僧侶などの大人でした。習字の墨をする子ども、本を読む子ども、けんかをする子どもも描かれています。

寺子屋は、江戸や京都から次第に全国各地へ広がっていきました。読み書きそろばんの知識は、文化の広がりを後押ししました。江戸時代の文化を支えたのは、こうした庶民の力だったのです。

12

幕末の日本

❖「鎖国」から開国へ

江戸時代、幕府はかぎられた国としか付き合わない「鎖国」政策をとってきました。その日本に、欧米の国々が開国を迫ります。開国をきっかけに、およそ二六〇年続いた江戸幕府の力は弱まり、新しい政治のしくみが模索されるようになります。

❖ペリーの来航

今からおよそ一六〇年前の一八五三年、四隻のアメリカの軍艦(黒船と呼ばれました)が日本の浦賀《うらが》沖にやって来ました。率いていたのは、アメリカ海軍提督マシュー・ペリー。ペリーは幕府に、開国を迫るアメリカ大統領の国書を手渡しました。

その翌年の一八五四年、ペリーは国書に対する回答を求めて、再び来日しました。強硬

ペリー上陸の絵『ペルリ提督日本遠征記』(凸版印刷株式会社印刷博物館蔵)

な姿勢で臨むペリーと幕府の話し合いが始まりました。その結果、およそ一か月後に「日米和親条約」が結ばれることになりました。条約は一二か条からなっています。

❖日米和親条約

日本とアメリカが友好的に付き合うこと。下田と箱館《はこだて》(今の函館)に、アメリカの船が燃料を補給できる港を開くこと。船が難破したときに乗組員を保護し、水や食料を与えること。そして、下田の港にアメリカの領事館を置くことなどが決められました。

しかし、鎖国を貫こうとした幕府は、アメリカの求める「貿易」は認めませんでした。

❖日米修好通商条約

　条約を結んだ二年後。アメリカから総領事タウンゼント・ハリスがやってきました。そのころ、中国はイギリスやフランスとの戦争に敗れ、不利な条約を押し付けられていました。ハリスは「このままでは日本も中国と同じようになってしまう」と幕府を脅し、アメリカとの貿易を強く迫りました。

　一八五八年、幕府はアメリカと、一四か条からなる「日米修好通商条約」を結ぶことを決意しました。この条約で、日本の五か所の港にアメリカの船が出入りし、貿易を行うことを認めました。

❖不平等な条約

一四か条の中には日本に不利な内容が含まれていました。一つは、治外法権。日本で外国人が罪を犯しても日本の法律で裁くことができないこと。もう一つは、関税自主権がないこと。品物を輸入するときにかける税金を決める権利、関税自主権が、日本にはなかったのです。いずれも、アメリカにだけ都合がいい内容です。

幕府はアメリカに次いでオランダ、ロシア、イギリス、フランスとも同じような内容の不平等な条約を結びました。日米修好通商条約が対等な条約に改正されたのは、一九一一年。五〇年以上もあとのことでした。

❖尊王攘夷運動の高まり

不平等な条約のもと貿易が始まると、物の値段が上がり、人々の生活は苦しくなり、幕府に対する不満が高まっていきました。混乱のなか、身分の低い武士を中心に広まっていったのが「尊王攘夷《そんのうじょうい》」という考え方です。尊王、つまり「天皇と朝廷を中心にした政治をしよう」という考えと、「外国を排除しよう」という攘夷の考えが結びついたものです。

尊王攘夷を掲げる人々は、幕府と武力で激しく衝突を繰り返していました。

✣欧米列強の力を知った長州藩・薩摩藩

その中でも大きな力を持っていた長州藩と薩摩藩。その長州藩で、外国船を攻撃する事件が起こりました。しかし、アメリカやフランスなどから報復を受けて町は焼き尽くされ、砲台も占拠されます。外国の力を知った長州藩は、「攘夷は不可能だ」と考えるようになります。その一年ほど前、薩摩藩もイギリスと戦い、敗れていました。

攘夷は難しいと考えるようになった薩摩藩と長州藩。しかし、二つの藩は激しく対立していました。

❖薩長同盟の締結と坂本龍馬

力を持つ薩摩と長州が手を組めば新しい日本を作れると考えたのが、土佐藩出身の坂本龍馬です。龍馬は、武器を欲しがっていた長州藩に薩摩藩の武器を、米を欲しがっていた薩摩藩に長州藩の米を、それぞれが必要なものを取り引きさせました。

これをきっかけに、一八六六年、「薩長《さっちょう》同盟」が結ばれます。薩摩藩の西郷隆盛、長州藩の桂小五郎（のちの木戸孝允《たかよし》）、それに坂本龍馬が加わり、約束が交わされました。

❖尊王攘夷から倒幕へ

長州藩の桂小五郎が薩長同盟の内容をまとめた手紙には、「戦いが起こったときは、双方お互いに協力しあう」と記されています。そしてこの手紙の裏には、内容に間違いないことを龍馬が証明する文章と署名があります。

これを機に、「尊王攘夷」という考え方は、「倒幕」、つまり「幕府を倒し、朝廷中心の新しい体制を作ろう」とする動きへと変わっていきました。

❖徳川慶喜の大政奉還

薩長同盟以降、倒幕の動きが激しくなっていきます。こうした状況のなか、一八六七年、将軍徳川慶喜《よしのぶ》は、将軍の職を辞し、政権を朝廷に返しました。「大政奉還《たいせいほうかん》」です。将軍とは、朝廷から与えられる「征夷大将軍」という役職です。

慶喜が将軍の職を返したことで、二六〇年続いた江戸幕府は終わりました。そして天皇のもと、薩摩や長州を中心とする新たな政府が作られました。

❖新政府の誕生

新しい政府は、国がめざす方向を示しました。「五《ご》箇条《かじょう》の誓文《せいもん》」です。

その第一条、「広く会議を興し、万機公論に決すべし」。これは、「人々の声を大事にして、優れた意見を取り入れ、政治を行おう」という意味です。一八六八年、幕府や藩を中心とした社会から、天皇を中心にした政治が行われる「明治」という新しい時代が始まりました。

13

近代国家の成立——明治政府

✣明治政府の成立

明治時代になり、天皇が京都から東京に移って、東京が日本の首都となりました。明治政府は、西洋の国々に倣った近代国家をめざします。そして、政治のしくみ、社会のしくみなど、これまでのあり方を一変させる改革を次々と進めていきます。この章では、明治政府が行った改革と、それによる社会の変化を見ていきます。

✣新政府と岩倉使節団

一八六七年、江戸幕府最後の将軍、徳川慶喜は政権を朝廷に返し、天皇中心の政治が始まりました。新しい政府は、翌一八六八年、「五箇条の誓文」を公布してこれからの政治の方針を示し、そして元号を「明治」と改めます。

誕生した明治政府は、西洋の国々に学ぼうと、アメリカ、ヨーロッパ諸国に使節を送りました。岩倉具視を中心とした一〇〇人を超える使節団です。岩倉使節団は、一八七一(明治四)年一一月に日本を出発。まず、アメリカを訪問し、その後イギリスに向かいます。

❖西洋の文明や文化に学ぶ

イギリスに滞在したあと、使節団はフランス、ベルギー、オランダ、ドイツ、ロシア、デンマーク、スウェーデン、イタリア、オーストリア、スイスの一二か国を訪問しました。この訪問中に、一度に大量の製品を生み出す工場など、西洋の進んだ技術や政治のしくみ、文化を知ることになります。

ヨーロッパの国々を回ったあと、完成したばかりのスエズ運河を通り、インド洋を経由して日本に帰りました。二年に及ぶ旅で、西洋の文明や文化を目の当たりにした使節団。その後の日本の発展に大きな影響を与えました。

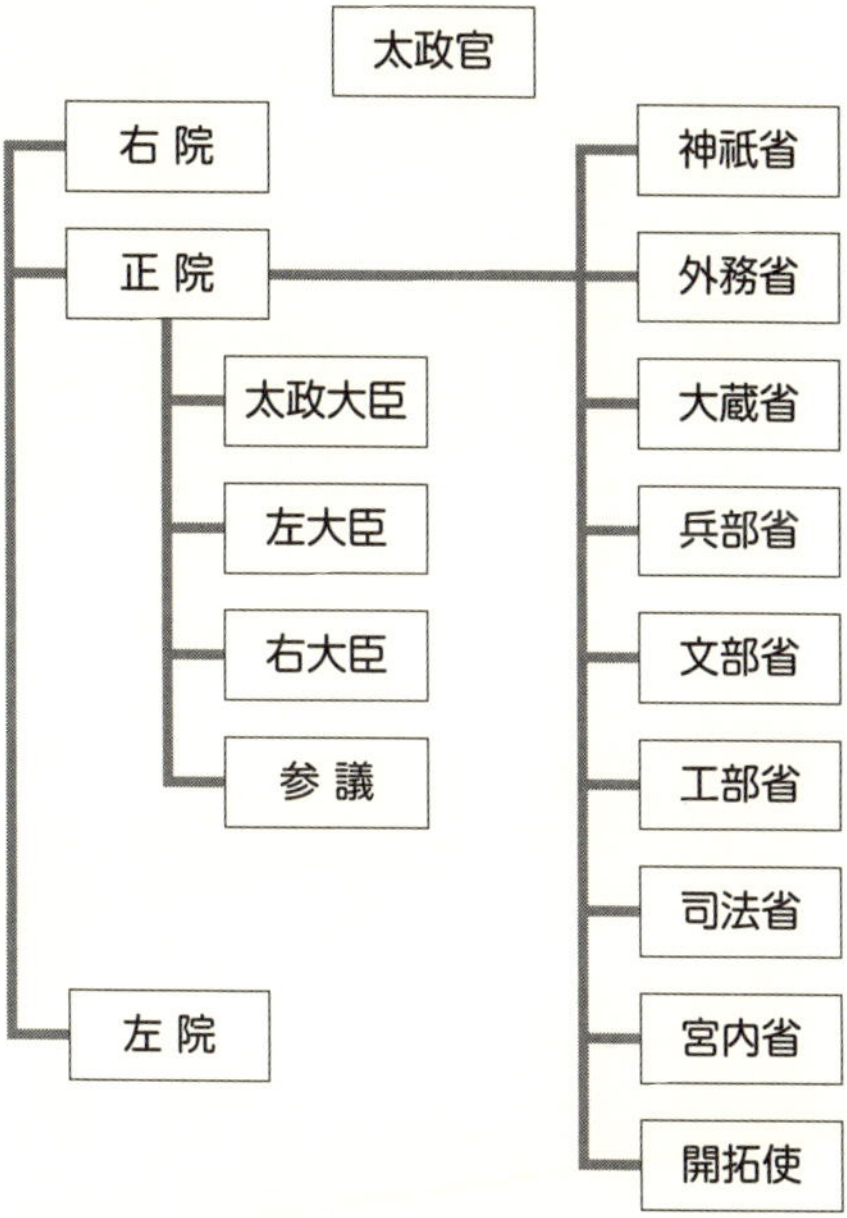

明治政府の組織

❖新政府の改革「廃藩置県」

明治政府がめざしたのは、政府が全国を直接支配する「中央集権体制」の国家でした。そのための重要な改革が「廃藩置県」です。大名が支配してきた全国各地の「藩」を廃止。代わりに「府」や「県」を置き、政府が任命した「府知事」や「県令」を派遣しました。こうして中央集権体制が整ったのです。

また、政治の組織も変わりました。それまでの幕府の役職を廃止し、「太政官《だじょうかん》」を中央に置く新たな組織が作られました。その重要な役職には、西郷隆盛など、新政府の成立に功績があった薩摩藩や長州藩出身の者が就きました。そのためのちに、「藩閥《はんばつ》政治」と呼ばれることになります。

❖新政府の改革「四民平等」

江戸時代の身分制度も廃止されました。「四民《しみん》平等」です。旧藩主や、朝廷に仕える公家は「華族《かぞく》」、武士を「士族」、百姓や町人は「平民」となりました。そして苗字が許され、住居や職業など、それまでの身分による制限は改められました。

こうした、幕末から明治にかけて進められた一連の大改革が、「明治維新」です。

✣自由民権運動の始まり

土佐藩出身の板垣退助は、一八七四(明治七)年、政府に国会の開設を求める「民撰議院設立の建白書」を提出しました。薩長を中心とした「藩閥政治」をやめ、国民が政治に参加することを求めたのです。「自由民権運動」の始まりです。

板垣は、反乱や武力ではなく、演説会や新聞を使って運動しました。「自由」とは、「人は幸福を求める権利を誰からも奪われないこと」。「民権」は、「国民が政治に参加する権利」のことです。

✣自由民権運動の広がりと弾圧

このころ、士族はかつての特権を政府に奪われ、不満を募らせていました。自由民権運動は、こうした士族の不満を背景に広まっていったのです。運動はやがて士族だけでなく、

絵入自由新聞（東京大学法学部附属明治新聞雑誌文庫蔵）

農民や商人のあいだにも広がり、しだいに激しさを増していきました。

それに対して政府は、弾圧を加えていきます。演説会を止めに入った警官に対して、民衆が激しく抗議している絵がのこされています。

運動が高まるなか、一八八一（明治一四）年、伊藤博文を中心とした政府は、一八九〇（明治二三）年に国会を開くことを約束しました。

❖五日市憲法草案

東京都あきる野市五日市《いつかいち》の農家の蔵から、憲法案を記した文書が発見されました。「五日市」という地名

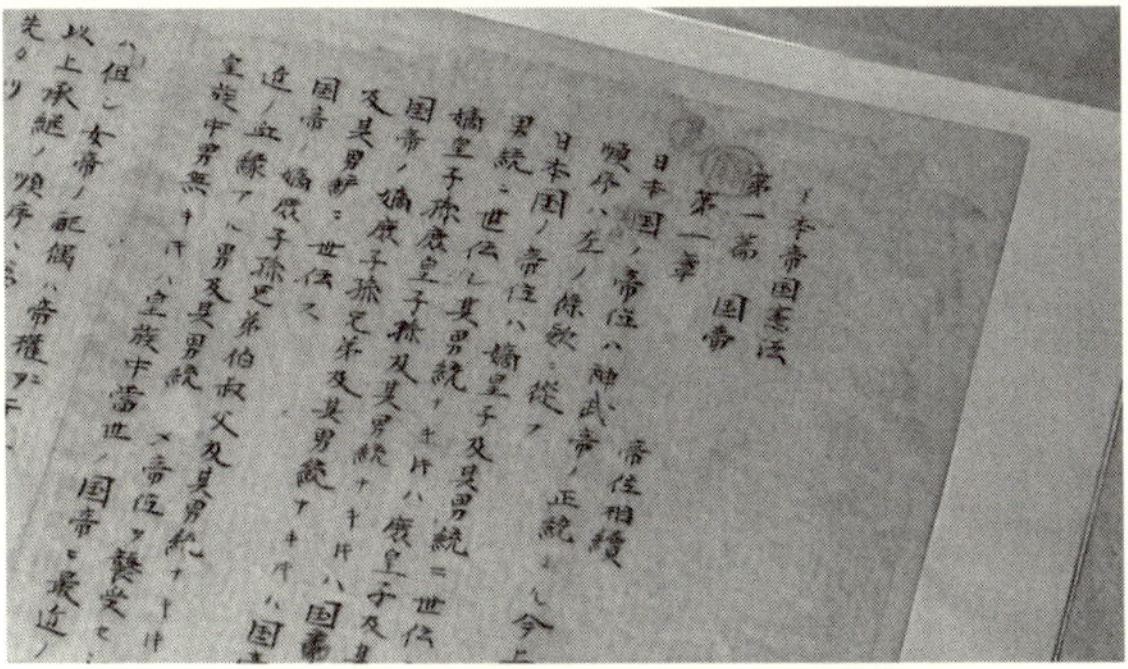

五日市憲法草案（あきる野市中央図書館蔵）

から、この憲法案は「五日市憲法草案」と呼ばれています。法律のもとに国民がすべて平等であることや、国民が政治に参加することなど、国民の権利について細かく書かれています。

二〇四か条にも及ぶこの憲法案を作ったのは、勧農学校（あきる野市立五日市小学校の前身）の教師千葉卓三郎など、五日市の青年たちでした。日本を自分たちの手で作り上げようと、理想とする憲法案を作ったのです。

このように国民の間から新しい政治のあり方を求めて憲法案が次々と発表されました。

✣憲法の制定

一八八一（明治一四）年、政府が国民に国会を開く約束をすると、伊藤博文は「憲法」を作る準備を始めました。そして、憲法や議会について調査するため、ヨーロッパに向かいました。

伊藤が注目したのは、ドイツの憲法です。国の君主である皇帝と、そのもとにある政府が大きな力を持っていたからです。伊藤博文は、「ここで国家のしくみを見つけた」と、日本政府に報告しています。

帰国した伊藤を中心にして、ドイツの憲法を参考に日本独自の憲法案が作られました。

✣大日本帝国憲法の発布

一八八九（明治二二）年、国会や選挙について定めた初めての憲法は、天皇が国民に与える形で発布されました。「大日本帝国憲法」です。

天皇が国を治める権限を持ち、政府が国民をまとめていくこと。さまざまな制約はあるものの、選挙によって選ばれた国民の代表が政治に参加することが初めて定められました。

その憲法のもと、一八九〇(明治二三)年、第一回の議会が開かれました。こうして日本は、憲法と議会を備えた近代国家としての歩みを始めたのです。

14

文明開化——新しい文化

❖文明開化

明治になって、新しい政府は、西洋の国々に追いつこうとさまざまな西洋文明を取り入れます。人々の暮らしは大きく変化しました。「文明開化」です。この章では、明治時代の初め、文明開化によって変わった日本を見ていきます。

❖暮らしの変化

「ザンギリ頭を叩いてみれば、文明開化の音がする」。これは、明治の初め頃盛んに歌われた歌の一節です。「ザンギリ頭」とは、西洋風に短く切った髪型のことです。

日本は、身なりや暮らし方などさまざまな分野で西洋の文明を取り入れていきました。文明開化です。食べ物も、江戸時代には口にしなかった「牛肉」を食べるようになりました。

✣太陽暦の導入

暦も変わりました。政府が国民に示した明治五年一一月九日の文書には、太陰暦をやめて太陽暦にすること、明治五年一二月三日をもって明治六年一月一日とする、と記されています。太陽暦を取り入れたことで、日本も西洋と同じ暦になったのです。このとき、一日を二四時間で表すことも定められました。この文書には、〇時から昼の一二時台までを午前、昼の一時から深夜一二時までを午後にすると記されています。

これによって、人々は現代と同じように、正確な時刻を意識し始めました。

✣新聞雑誌の創刊

東京名所　京橋銀座通里煉化石瓦斯燈景ノ図（東京ガス　ガスミュージアム蔵）

一八七四（明治七）年、福沢諭吉をはじめとする、時代をリードした知識人たちが雑誌を創刊しました。『明六雑誌』です。明治の初めには、こうした雑誌や新聞が次々と創刊されました。

❖街の変化

一八八〇（明治一三）年の東京銀座の様子を描いた絵があります。レンガ造りの建物が並ぶ通りには、明治に入って発明された「人力車」と、馬が客車を引く「乗合馬車」が描かれています。馬車には六人ほどしか乗れませんでしたが、鉄道が発達するまで人々の足として活躍しました。歩道に立ち並ぶのは、

東京名所之内　銀座通煉瓦造鉄道馬車往復図(東京ガス　ガスミュージアム蔵)

明治五年から使われ始めた「ガス灯」です。

明治一五年になると、乗合馬車に替わって描かれているのは「鉄道馬車」です。二頭の馬が引く客車がレールの上を走り、一度に二五人ほどの乗客を運ぶことができました。洋服を着る男性も多く見られます。

街の様子や人々の暮らしは急速に変わっていったのです。

❖鉄道の開通

一八七二(明治五)年九月、東京の新橋と神奈川県の横浜、およそ二九キロメートルのあいだに日本最

旧開智学校校舎

初の鉄道が開通しました。平均速度は時速三二キロメートル。新橋―横浜間をおよそ五〇分で結ぶ、当時、最も速い乗り物でした。人々は、海を行く蒸気船にちなみ、「陸蒸気《おかじょうき》」と呼びました。

建設のために必要な資金や技術に加え、機関車、客車、線路や枕木、燃料の石炭などは、すべてイギリスから輸入したものでした。鉄道は二年後に神戸―大阪間、さらに三年後には大阪―京都間で開通し、その後、全国各地でつくられていきました。

❖教育制度の整備

長野県松本市に、重要文化財として保存されている「開智《かいち》学校」の建物があります。一八七六(明治九)年に建てられ、一九六三(昭和三八)年まで使われていました。ガラスの窓、入り口に施された天使の飾りなど、西洋の様式を取り入れた校舎です。

政府は一八七九(明治一二)年、国民すべてが学ぶことをめざして、学校教育に関する「教育令」を公布しました。特に小学校が重視され、四年間で最低でも一六か月は学校で学ぶことが義務づけられます。これによってすべての国民が学校で学ぶことになったのです。

また一八七七年には初めての国の大学、東京大学が設立されました。政府は義務教育を整備する一方で、高等教育にも力を入れ始めました。

❖福沢諭吉の『西洋事情』

西洋の様子をいち早く日本に紹介した一人が、福沢諭吉です。諭吉は江戸時代の終わりから明治にかけて、『西洋事情』という本を出版しました。アメリカやヨーロッパに行った経験を生かし、見て聞いて調べたことや驚かされたことなど、西洋の様子について一〇冊にわたって詳しく書いています。

政治や議会など国の基本的なしくみをはじめ、学校、新聞、病院、ガス灯などについても紹介しています。さらに、アメリカ、イギリス、フランスなど、国ごとの歴史や特徴も説明しています。『西洋事情』は、無断で書き写した「偽版《ぎはん》」と呼ばれる偽物が出回るほど人々に人気がありました。

✣今にのこる「文明開化」

幕末に開港した神奈川県の横浜に、鉄製の欄干《らんかん》がついた明治時代の橋が再現されています。今では当たり前の「鉄の欄干」も、そのころは珍しい物でした。

横浜港近くにのこるレンガ造りの建物も、それまでの日本には見られないものでした。

横浜で明治時代から続くパン屋では、今も当時とほぼ同じ方法でイギリスパンが焼かれています。

こうして「文明開化」は、大都市や港町から、各地に広がっていきました。

15

近代産業の発達

❖近代化へ向かう日本

明治時代は、西洋の進んだ技術を積極的に取り入れ、近代的な工場や鉄道を次々に建設していった時代です。また、郵便や金融などの制度も整え、日本はめざましい変化を遂げました。この章では、急速に近代化へ向かう日本の産業の様子を見ていきます。

❖大久保利通が見た西洋(1)

明治政府がアメリカやヨーロッパに岩倉使節団を送ったのは一八七一(明治四)年のことです。この中に大久保利通がいました。イギリスに渡った使節団は、造船所などの工場を見て回りました。

大久保は日本への手紙で、「うわさに聞いていた以上だ。いたるところに工場があり、煙は天高く昇っている」と書いています。西郷隆盛に宛てた手紙には、「街ごとに工場がある。リバプールの造船所、マンチェスターの木綿工場、グラスゴーの製鉄所……」の記述が見えます。大久保はイギリスの強さ、国力の大きさを、こうした工場に見出しています。

❖大久保利通が見た西洋（2）

さらに大久保たちは、「博覧会」を見学しました。そこには最新の技術を使った、ヨーロッパの国々の工業製品や美術品などが出品されていました。

日本に戻った大久保たちは、このときに見た西洋の国々を手本に、新しい国づくりに力を注ぎます。産業を発展させる「殖産興業《しょくさんこうぎょう》」。そして、兵力を強めることをめざす「富国《ふこく》強兵《きょうへい》」策です。

富岡製糸場

❖官営「富岡製糸場」

群馬県富岡市の日本ではじめての機械を導入した「富岡製糸場」。絹の糸「生糸《きいと》」をつくっていました。一八七二(明治五)年、官営模範工場として造られました。

それまで主に女性が手作業で紡いでいた生糸が重要な輸出品となったため、最新式の機械を備えた大規模な製糸工場をつくることで生糸の生産を質、量ともに高めようとしたのです。

長さ一〇〇メートルを超えるレンガ造りの建物に、蒸気で動くヨーロッパの機械が三〇〇台設置されました。この工場は、日本のこれからの生糸産業を担い、発展・普及させる人たちを育てる役割も持っていました。

その後、民間の工場として一九八七(昭和六二)年まで一〇〇年以上にわたって生糸を生産し続けました。

❖内国勧業博覧会と郵便制度

政府はヨーロッパで開かれているような博覧会を、日本の国内で開きました。「内国勧業博覧会」と名付けられ、日本国内の工業製品などを展示して、技術の交流を図り、産業の発展を促したのです。

また、兵器を作る軍需工場も東京と大阪に造られました。さらに、郵便の制度も整いました。イギリスなどの国で行われていたシステムを取り入れ、全国どこでも均一の料金で手紙が出せるようになりました。

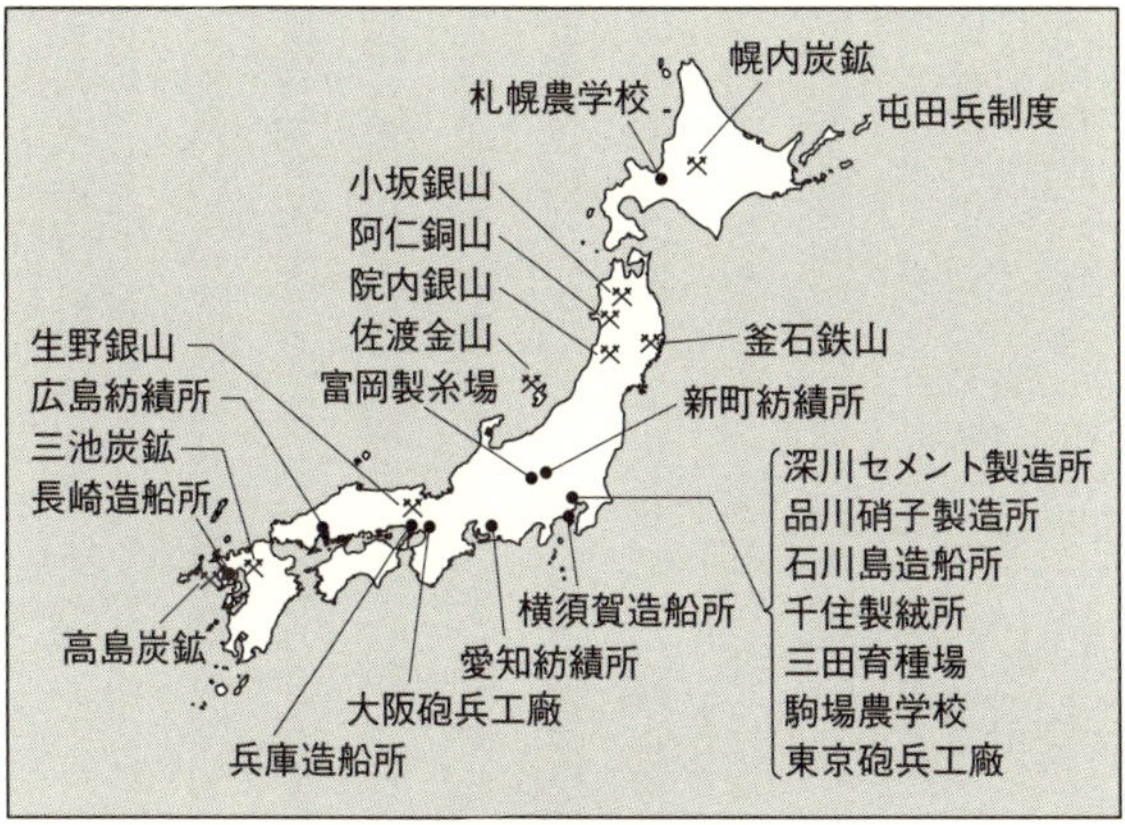

明治初期の官営事業

❖北海道の開拓

明治政府は北海道の開発にも力を注ぎました。一八六九(明治二)年「開拓使」を置いて、土地を拓き、アメリカから輸入した機械で大規模な農業が始められました。開拓を行う人々の村もつくられ、「屯田兵《とんでんへい》」と呼ばれる多くの開拓民が北海道に渡りました。

このほかにも、鉱山や造船所など、民間の手本となる国の工場、「官営工場」が各地に造られ、これらは日本の産業の発展の基礎となったのです。

❖日本銀行と金融制度

一八八二（明治一五）年、政府は「日本銀行」を設立して、企業への資金援助などを行う金融制度を整えます。民間では実業家の渋沢栄一が、大規模な紡績工場を造りました。このころ、次々と大規模な会社ができるようになります。

経済の発展を支える交通の整備も進められました。一九〇七（明治四〇）年には、鉄道の総延長は八〇〇〇キロメートル、ほぼ全国に広がったのです。造船所もできました。長崎の造船所は官営としてスタートしましたが、一八八七年には民間の会社となり、以後、日本の経済を支えました。

❖官営「八幡製鉄所」

福岡県八幡村《やはたむら》、今の北九州市。この地に官営の「八幡製鉄所」が造られました。製鉄に必要な鉄鉱石は主に中国から輸入し、石炭が近くでとれることから、八幡村が選ばれたのです。

八幡製鉄所は、日清戦争のあと、清《しん》から支払われた賠償金の一部を使って建設されました。一九〇一（明治三四）年に鉄鋼の生産を開始し、その後、長く日本の鉄鋼業、重工業の中心として発展しました。

❖足尾鉱毒事件と田中正造

栃木県の足尾銅山。明治時代、ここで採掘、生産される銅は、近代化を進める上で欠かせないものでした。しかし、銅を精錬する際に出る化学物質によって渡良瀬川《わたらせがわ》は汚染され、周囲の住民にも被害が出ました。足尾鉱毒事件です。産業の発展の陰で生まれた、日本で最初の公害問題です。

このとき、衆議院議員田中正造は、公害をなくすよう、住民とともに政府に訴え続けました。足尾銅山は一九七三(昭和四八)年に閉山しました。日本の近代産業は、このような問題を含みながらも発展してきたのです。

16

日清・日露戦争

❖日本が初めて体験した近代戦争

一九世紀の終わり頃、植民地を求める西洋の国々が東アジアに進出してきました。そうした国際情勢のなかで、日本は朝鮮半島に進出しようと、中国、続いてロシアと衝突し、戦争になります。この章では、日本が初めて体験した近代的な二つの戦争と、不平等条約の改正までの道のりを見ていきます。

❖日清戦争と下関条約

一八八〇年代の東アジアでは、朝鮮半島の支配を巡って日本と清が対立を深めていきました。朝鮮で起きた減税や排日を求める甲午《こうご》農民戦争をきっかけに、一八九四(明治二七)年、日本と清のあいだで戦争が始まりました。「日清戦争」です。

戦争が始まると日本は清の軍隊を破っていきました。一八九五(明治二八)年、山口県の下関で講和会議が開かれ、日本と清のあいだで「下関条約」が結ばれました。

この条約で、清は、朝鮮の独立を認めること、日本に遼東半島、台湾、澎湖《ほうこ》諸島を譲り、多額の賠償金を支払うことが決められました。しかしその後、ロシアがフランス、ドイツとともに、遼東半島を清に返すよう要求。日本政府はこれを受け入れざるを得ませんでした。

❖日露戦争

一九世紀後半以降、欧米の国々が植民地や勢力範囲を拡大するなか、ロシアは中国東北部に進出、朝鮮半島にも勢力を広げようとしていました。一方、朝鮮半島に進出しようとする日本。一九〇四(明治三七)年、両国のあいだで戦争が始まりました。「日露戦争」です。

❖「君死にたまふことなかれ」

歌人の与謝野晶子は、日露戦争に行く弟を想い、「君死にたまふことなかれ」を発表しました。

「あゝおとうとよ君を泣く　君死にたまふことなかれ　末に生まれし君なれば　親のなさけはまさりしも　親は刃《やいば》をにぎらせて　人を殺せとをしへしや　人を殺して死ねよとて二十四までをそだてしや……」。

晶子は、戦争に反対する気持ちを、この歌に込めたのです。

❖日本海海戦とポーツマス条約

戦争は一年半にわたって続きました。ロシアは遠くヨーロッパから、日本近海に軍艦を送ることにしました。世界最強といわれていた「バルチック艦隊」です。

これに対し日本は、司令長官東郷平八郎率いる連合艦隊が迎え撃ちました。一九〇五(明治三八)年五月、対馬沖で、ロシアのバルチック艦隊と日本の連合艦隊が戦います。この海戦は日本側の一方的な勝利に終わります。日露戦争では、多くの犠牲を出しながらも日本は大国ロシアを破りました。

これによって日本は国際的に認められるようになります。一九〇五年九月、アメリカのポーツマスで講和会議が開かれました。ここで、朝鮮半島における日本の優越権などを決めた「ポーツマス条約」が結ばれました。

❖韓国併合

日露戦争後、日本は韓国の外交権を奪い、「統監府《とうかんふ》」を設置しました。初代統監となったのは伊藤博文です。日本政府は韓国を保護国とし、さらに中国東北部(満州)の権益を守

朝鮮総督府（「明治大正建築写真聚覧」日本建築学会図書館蔵）

ろうとしたのです。

その後、日本政府は、韓国と不平等な条約を次々と結びました。そして一九一〇（明治四三）年、「韓国併合」が行われたのです。日本による韓国の支配は、太平洋戦争が終わる一九四五（昭和二〇）年まで続きました。

❖不平等条約の改正

江戸時代の終わりに、幕府が西洋の国々と結んだ条約は、治外法権を認める、関税自主権がない、という不平等条約でした。この条約を改正することは明治政府にとって大きな課題でした。一八七二（明治五）年、岩倉使節団はアメリカと条約改正の交渉を試みました。しかし日本の法律が未整備であることなどを理由に、交渉は進みませんでした。

一八八三(明治一六)年、条約改正の責任者だった井上馨は東京に「鹿鳴館《ろくめいかん》」を建て、外国人を招いて毎晩のように豪華な舞踏会を開きました。日本が文明国になったことを示し、不平等条約の改正をスムーズに進めようと考えたのです。

❖ノルマントン号事件

井上が条約改正を進めているさなか、事件が起きます。一八八六(明治一九)年一〇月、横浜から神戸に向かっていたイギリスの貨物船ノルマントン号が、和歌山県の潮岬沖合で沈没したのです。「ノルマントン号事件」です。

乗っていたのはイギリス人やドイツ人などの乗組員と、日本人の乗客。しかし救助されたのは外国人だけでした。裁判は日本にあるイギリスの領事館でイギリスの法律に基づいて行われ、船長以外は無罪となりました。船長も軽い刑罰でした。

この「ノルマントン号事件」をきっかけに、不平等条約を一刻も早く改正することが望まれるようになりました。

❖治外法権の撤廃

一八九二(明治二五)年、外務大臣になった陸奥宗光は、条約改正の交渉に乗り出しました。交渉相手に選んだのは、イギリスでした。当時のイギリスは、日本と同様に、東アジアへの進出を強めているロシアを警戒していたため、利害が一致していたのです。

イギリスとの交渉の末、一八九四(明治二七)年、日清戦争の直前に、陸奥はついに治外法権の廃止に成功します。しかし、関税自主権の回復がまだ残っていました。

✣関税自主権の回復

一九〇四(明治三七)年に始まった日露戦争で大国ロシアを破ったことから、日本の国際的な地位は上がり、条約改正を有利に進めることができるようになりました。そのときの外務大臣小村寿太郎は、一九一一(明治四四)年、関税自主権を回復することに成功しました。

不平等条約を締結してから五〇年余りが経っていました。こうしてアジアの中に、欧米に肩を並べるまでになった国、日本が誕生したのです。

17

第一次世界大戦と国内外の関係

❖大正時代の内外の動き

一九一二年、明治天皇が亡くなり、元号が「大正」に変わりました。このころ、日本は中国などに勢力範囲を広げていきます。しかしそれは、欧米の警戒心を招くようになっていきました。一方、国内では政治の民主化を求めるデモクラシーの風潮が高まり、民衆がさまざまな運動を起こします。「大正デモクラシー」です。この章では、大正時代の国内外の動きを見ていきます。

❖第一次世界大戦

一九世紀後半から二〇世紀のはじめ、アメリカやヨーロッパの国々は、世界各地で植民地を広げる機会をねらっていました。一九一四(大正三)年、ヨーロッパで第一次世界大戦が起こりました。ドイツ、オーストリア、トルコなどからなる「同盟国」側と、ロシア、フランス、イギリスなどからなる「連合国」側とに分かれて戦った、史上初の世界大戦です。

日本は連合国の一員としてこの戦いに加わりました。一九〇二(明治三五)年にイギリスとのあいだに結ばれた「日英同盟」があったからです。

❖大戦景気と日本の工業発展

その後、連合国側にアメリカも加わり、世界中を巻き込んで四年余りも続く戦争になったのです。この戦争では、科学の発達に伴い、飛行機や戦車、毒ガスなど新しい兵器が使われました。

一方、日本はこの戦争で好景気に沸きました。戦争で輸出ができなくなっていたヨーロッパの国に代わって、日本の輸出が飛躍的に伸びたのです。また、機械や造船などの重工業や、化学・薬品工業が発達し、工業国としての基礎が築かれました。

❖パリ講和会議

一九一八(大正七)年、ドイツが降伏し、同盟国側の敗北で戦争が終わります。翌一九一九年、フランスのパリで講和会議が開かれ、日本も参加しました。ベルサイユ宮殿の鏡の間。ここで結ばれたのが「ベルサイユ条約」です。この中でドイツは、すべての植民地と領土の一部を失い、多額の賠償金を支払うことになりました。

講和会議では、アメリカが提案した「国際連盟」についても話し合われました。その結果、一九二〇年、世界の平和を維持するための機関として、「国際連盟」が発足しました。

❖「二十一カ条の要求」

一九一四(大正三)年、日本は第一次世界大戦でドイツに宣戦を布告しました。ドイツが中国に持っていた鉄道や鉱山の採掘などの権益を手に入れようとしたのです。日本はドイツのアジアの拠点、山東省の青島《チンタオ》に軍を進め、占領します。

さらに翌一九一五年には、中国に「二十一カ条の要求」を認めさせました。その内容は、ドイツが山東省に持っていた権益を日本が受け継ぐこと、旅順や大連の租借《そしゃく》期間を九九年延長することなどです。租借とは、その土地を借りて統治することです。

❖アジアの民族運動の高まり

ベルサイユ条約で、ドイツの権益を日本が引き継ぐことが認められると、中国国内で反日感情が高まりました。一九一九(大正八)年五月四日、北京の学生デモをきっかけに抗議運動が起こります。「五・四運動」です。運動は中国各地に広がっていきました。日本の支配下にあった朝鮮では、一九一九年三月一日、知識人や学生が日本からの独立を宣言する文章を発表し、「独立万歳」を叫んでデモ行進しました。「三・一独立運動」です。この運動は朝鮮全土に広がりました。

イギリス領となっていたインドでも、独立運動が起こりました。独立運動の指導者ガンジーが「非暴力・不服従」を唱えて独立を要求しました。民族運動は各地で高まっていったのです。

✣全国に広がった米騒動

第一次世界大戦で、日本の景気はよくなりました。しかし一方で、物価の上昇をもたらし、生活に苦しむ労働者や農民が増えていきました。特に米の値段は、一九一八(大正七)年には、戦争が始まった年の二倍以上にはね上がりました。富山の漁村の主婦たちが集団で米屋に押しかけ、安売りを求める騒動が起こりました。これが新聞で報じられると、騒動はたちまち全国に広がりました。「米騒動」です。京都、名古屋、大阪、神戸、東京など全国の主要都市で次々に起こる騒動を、政府は軍隊で鎮圧しました。騒動の責任をとって、寺内正毅《てらうちまさたけ》内閣は総辞職します。

❖大正デモクラシー

その後に成立した原敬《はらたかし》内閣は、本格的な政党内閣でした。首相をはじめ、閣僚の大部分が政党の党員から選ばれたのです。こうした民衆の力は次第に大きくなり、「大正デモクラシー」と呼ばれる時代になります。

吉野《よしの》作造《さくぞう》は、民衆を第一にした政治を行う「民本《みんぽん》主義」、尾崎行雄は、民意を政治に反映させる「普通選挙」を主張しました。こうして、身分や財産によって制限されない普通選挙を求める運動が高まっていきました。

新婦人協会

❖労働者・女性の地位向上をめざして

また、労働者が地位向上をめざす労働運動も活発になりました。一九二〇(大正九)年、労働者が結集して最初のメーデーが行われ、政府に賃金や労働時間などの改善を要求しました。女性たちの運動も盛んになりました。平塚《ひらつか》らいてうは、「青鞜社《せいとうしゃ》」を結成し、雑誌を発行して、女性差別をなくすよう訴えました。さらに一九二〇年、日本初の女性団体「新婦人協会」を結成。女性が政治に参加する権利、婦人参政権を要求して運動を繰り広げました。

❖新しい生活文化の誕生

人々が意見をたたかわせる場として、新しい雑誌が次々と創刊されました。そこから、志《し》賀《が》直哉《なおや》や芥川龍之介といった新しい作風の作家も育っていったのです。

一九二五(大正一四)年にはラジオ放送が始まり、国内外の出来事をすぐに全国に伝えられるようになりました。また、都市を中心に、映画などの娯楽やデパートの出現、女性の洋服の流行など、現在に続く都市生活の原型がこの時代に生まれたのです。

18

戦争と国民生活
——日中戦争・太平洋戦争

✣太平洋戦争と戦時下の暮らし

一九四一(昭和一六)年一二月八日。日本は、ハワイの真珠湾にあるアメリカ軍基地を攻撃しました。「太平洋戦争」の始まりです。戦争が激しくなっていくなか、国内では子どもまでが軍需工場で働くなど、日本は戦争一色になっていきます。この章では、太平洋戦争に至るまでの過程と、戦時下の人々の暮らしを見ていきます。

✣日中戦争

昭和の初めの日本は大不況に見舞われ、企業の倒産が相次ぎ、街は仕事を失った人たちであふれていました。農村でも、農作物の価格の下落や凶作のため、人々は飢えに苦しんでいました。厳しい経済危機のなか、日本は新しい土地や資源を求めて中国東北部に「満《まん》

満州国

州国《しゅうこく》」を建設。さらに勢力範囲を広げようと中国の都市を次々と占領し、戦争になりました。「日中戦争」です。

この戦争は泥沼化しました。日本は英米の中国への補給路を断つなどのために、さらにフランス領インドシナ(今のベトナム、カンボジア、ラオス)に侵攻しました。

❖太平洋戦争と大東亜共栄圏

こうした日本の動きを見て、アメリカは一九四一(昭和一六)年八月、日本への石油の輸出を禁止します。危機感を募らせた日本は、一二月八日、ハワイ

衣料切符

の真珠湾攻撃に踏み切ったのです。「太平洋戦争」の始まりです。

日本は石油などの資源を求めて、東南アジアや太平洋の島々に次々と進出していきました。このときにスローガンとして掲げたのが、アジアの民族が共に繁栄しようとする「大東亜共栄圏」でした。最初は勝利を続けていた日本。しかし、一九四二年六月の「ミッドウェイ海戦」の敗北を境に、戦局は不利になっていきました。

❖戦時下の暮らし（1）　配給・衣料切符

戦争が長期化するとともに国内では物資が不足し、

国民生活は次第に圧迫されていきました。物資の不足はどんどん深刻さを増し、砂糖、塩、米などは国の決めた量しか買えない「配給」となりました。また、シャツや靴下などの衣料品は、お金で買うことができなくなりました。代わりに、国が各家庭に配った「衣料切符」で交換するようになったのです。衣料切符には点数が書かれ、たとえば一二点で長そでシャツ一枚、六点で半そでシャツ一枚というように、決められた点数分の切符と品物を交換しました。

❖戦時下の暮らし（2）　防空壕

やがて、衣料品だけでなく、毛布やタオルといった生活用品も、配られた切符の分しか手に入れることができなくなっていきました。また、人々はアメリカ軍の空襲から身を守るため、「防空壕《ぼうくうごう》」を掘りました。男子は兵隊として戦地に送られて男手が少なかったため、主婦たちが力を合わせました。防空壕は、家の庭や空き地だけでなく、町の通りなどにも作られました。

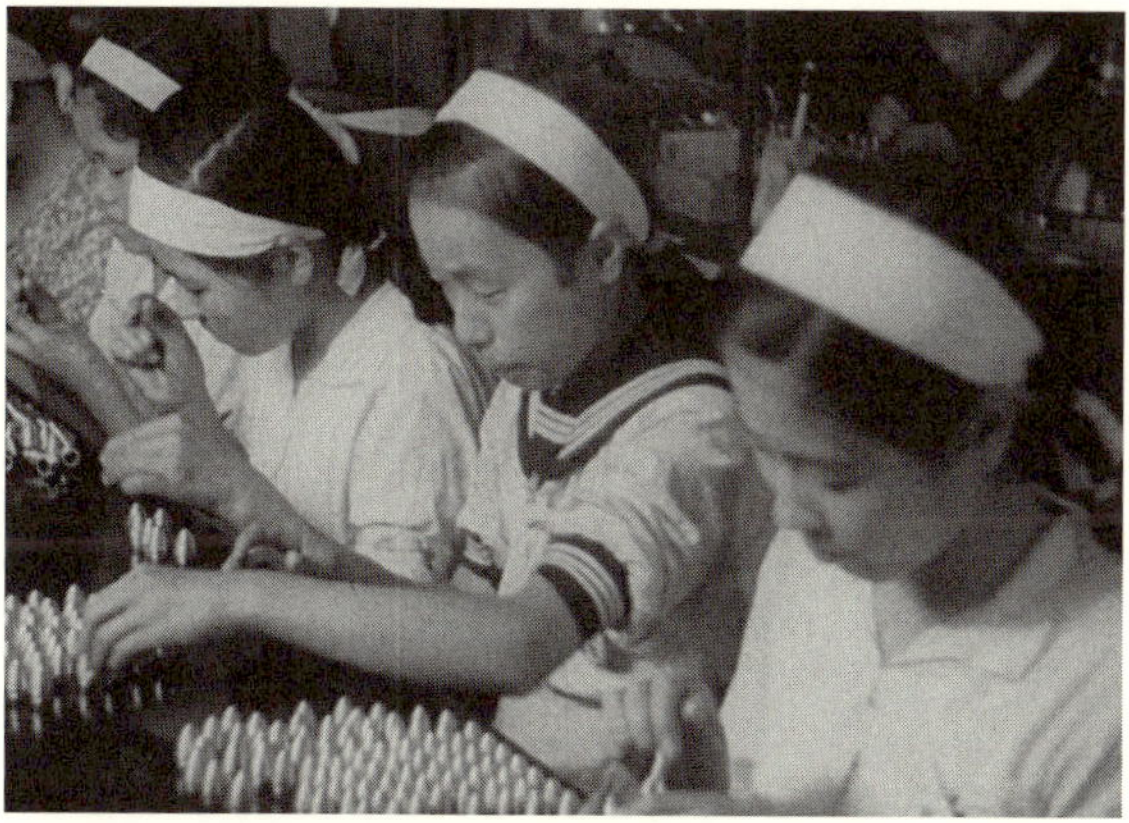

動員された子どもたち(日本ニュース)

❖戦時下の子どもたち(1)　勤労動員

やがて、大学生までもが戦場に送り出されることになりました。「学徒出陣」です。さらに労働力の不足から、一九四四(昭和一九)年には、一二歳以上のすべての子どもは兵器工場で働くことが決められました。女子も例外ではありません。男子と同じように労働が課せられたのです。

兵器工場に人手を取られるにつれて、食糧を作る人も次第に足りなくなっていきました。そこで国は、小学校の子どもたちにも、空き地などを使って食糧の生産に励むよう指示しました。太平洋戦争が長引くにつれて、子どもからお年寄りまで、戦争のために働くことになっていったのです。

❖戦時下の子どもたち(2)　国民学校

戦争が進むにつれ、「国民学校」と呼ばれた当時の小学校では、子どもたちに兵隊になるための訓練が行われるようになりました。子どもたちの戦争への参加は、訓練という形で始まったのです。

❖戦時下の子どもたち(3)　集団疎開

一九四四(昭和一九)年六月、激しくなる空襲から逃れるため、都会の子どもたちを地方

集団疎開(日本ニュース)

に避難させることが始まりました。「集団疎開《そかい》」です。小学校三年生から六年生の子どもたちが、家族と離れて暮らすことになったのです。

疎開先では朝早くから夜寝るまで、勉強はもちろん、農作業や燃料の薪運びなどすべてが集団行動でした。食事も粗末なもので、わずかな米に大根や芋を混ぜて量を増やしました。食糧不足から、こうして食べるしかありませんでした。小学生の子どもまでもが、戦争のために厳しい暮らしに耐えていたのです。

❖日本の敗戦

一九四五(昭和二〇)年三月一〇日、アメリカ軍の爆撃機B29による「東京大空襲」を受け、隅田川周辺など下町を中心に、一夜で一〇万人もの人々が亡くなりました。太平洋戦争では東京以外にも、大阪、名古屋など二〇〇を超える都市が空襲で焼き尽くされました。八月六日、広島に原子爆弾が落とされ、その年のうちにおよそ一四万人の命が奪われました。三日後の八月九日には長崎にも原爆が落とされ、およそ七万人の命が奪われました。八月一五日、天皇が国民に日本の敗戦を伝え、ここに、ようやく太平洋戦争が終わったのです。

19

戦後・民主化への道

❖占領と戦後改革

一九四五(昭和二〇)年八月、太平洋戦争に敗れた日本は、アメリカを中心とする連合国軍に占領されることになりました。そして、アメリカのダグラス・マッカーサー元帥を最高司令官とする「連合国軍最高司令官総司令部(GHQ)」が置かれます。日本政府はGHQの指令によって、大きな改革を次々と進めます。この章では、戦後行われた改革と、変わっていく日本の姿を見ていきます。

❖戦後民主化への道——財閥解体ほか

ポツダム宣言を受けて、敗戦後、日本の領土は北海道、本州、四国、九州と、その周辺の島々に限られました。そしてGHQの指令の下、「民主化」に向けた政策が次々と始ま

誕生した女性国会議員(日本ニュース)

りました。

戦時中の日本の経済を支配し軍国主義を支えたとして、「財閥《ざいばつ》」が解体されました。またＧＨＱは地主・小作制度が日本の民主化を妨げていると考え、農地改革を行いました。一定面積を超える地主の土地を政府が買い取り、自作農を増やしたのです。

労働者の権利を守るための「労働組合法」などが定められました。選挙制度も変わり、二〇歳以上のすべての男女に選挙権が与えられました。そして戦後初の総選挙では、三九人の女性国会議員が誕生しました。

❖戦後民主化への道――日本国憲法の改正

ＧＨＱの改革の中心は、憲法の改正でした。一九四六(昭和二一)年一一月、「日本国憲法」が公布されました。この憲法には大切な三つの原則があります。

一つは「国民主権」。天皇は、「日本の国の象徴」となりました。

二つめが「基本的人権の尊重」。

そして三つめが、戦争の放棄をうたった「平和主義」です。

❖戦後民主化への道――教育改革

新しい憲法の下で学校教育も大きく変わっていきます。戦後間もないころ使われていた教科書を見ると、文字や絵が真っ黒に塗りつぶされています。書かれていたのは、「兵タイ(兵隊)」の文字、そして大砲の絵。戦争に関係する文字や絵はすべて教科書から消されたのです。

教科では新たに「社会科」が誕生しました。平和で民主的な新しい日本の国づくりを担う市民を育てようと、新たに設けられたのです。民主主義教育を基本にした「教育基本法」の制定で、小学校六年・中学校三年を義務教育にすることや、男女共学などが定められました。

❖「リンゴの唄」の大ヒット

戦争が終わった直後の東京は、家を焼かれ、親を亡くした子どもたちが街にあふれていました。食料も不足し、列車は、都市から食べ物を求めて地方へ向かう人々であふれました。日本中の人々が食べることに必死だったのです。

そのころ流行った歌が「リンゴの唄《うた》」です。戦後初めてのヒット曲となったこの歌は、苦しい生活を送る人々を元気づけました。

食べ物を求めて地方へ向かう人々(日本ニュース)

❖活気と希望を取り戻す日本

ラジオ放送では、「のど自慢」などの娯楽番組が人気となりました。戦争で中断していた、今の高校野球にあたる野球大会も再開。スポーツの復興が人々を活気づけました。

一九四九(昭和二四)年、自然科学の分野で、湯川秀樹が日本人として初めてのノーベル賞を受賞しました。占領下にあった国民に、大きな希望を与えたのです。

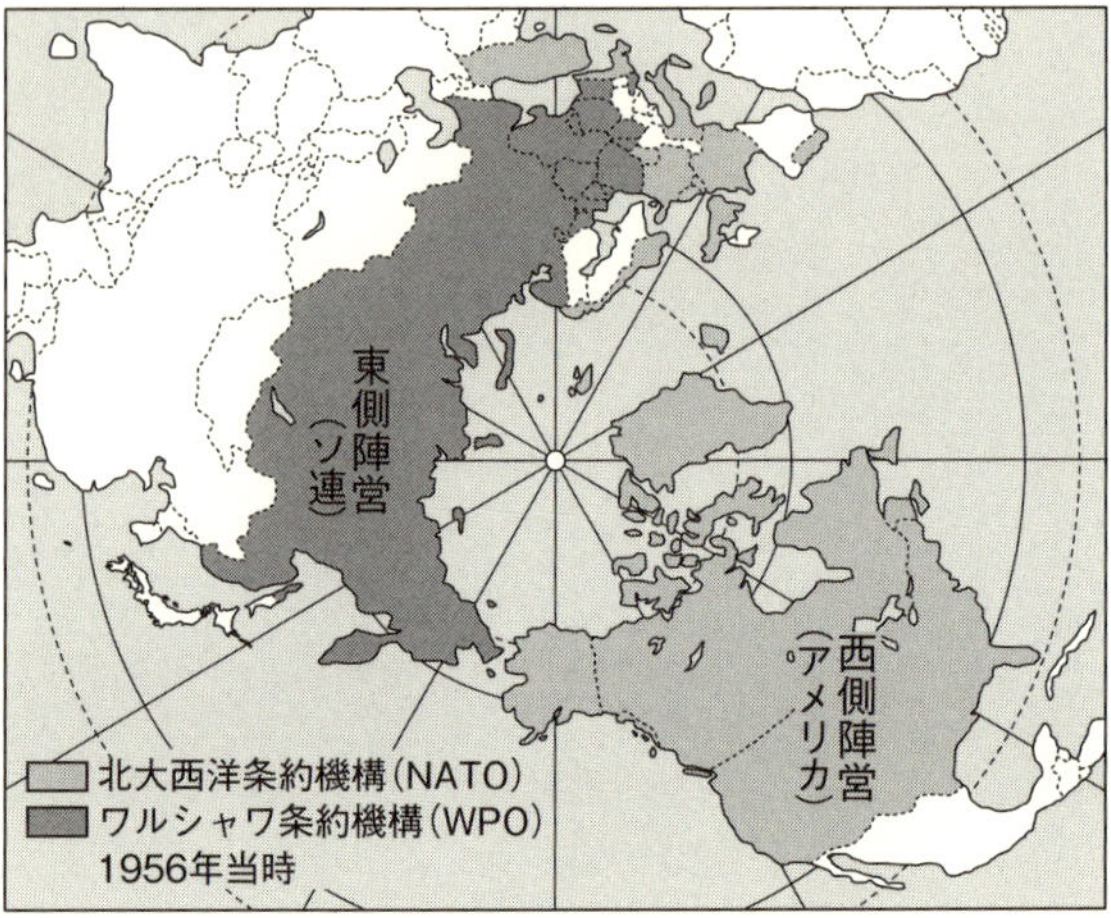

東西の対立

❖国際連合の誕生と冷戦

一九四五（昭和二〇）年一〇月、二度の世界大戦を反省し、平和を維持する国際機関が誕生しました。五一か国が参加した「国際連合（国連）」です。しかし、国際関係はソ連とアメリカの対立を中心に動きました。ソ連は東ヨーロッパに大きな影響力を持ち、アメリカは西ヨーロッパを支援しました。世界各国が東側陣営と西側陣営に分かれてしまったのです。この東西の対立は、「冷たい戦争（冷戦）」といわれました。

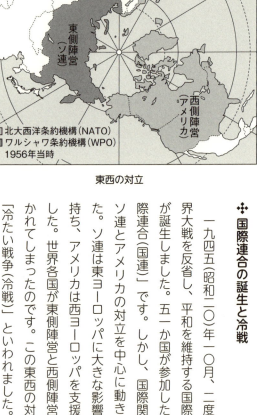

✣朝鮮戦争

一九五〇(昭和二五)年、朝鮮半島で戦争が起こりました。「朝鮮戦争」です。アメリカを主力とする国連軍は韓国(大韓民国)を支援。ソ連や中国は北朝鮮(朝鮮民主主義人民共和国)を支援しました。この戦争で、朝鮮半島は東西両陣営の衝突の場となったのです。

このときGHQの指令で、のちの自衛隊となる「警察予備隊」がつくられました。在日アメリカ軍が朝鮮半島に動員された軍事的空白を埋めるためでした。アメリカは戦争で使うさまざまな物資を日本から調達しました。この朝鮮戦争の特需によって、日本の戦後の復興は大きく進んだのです。

✣国際社会への復帰

一九五一(昭和二六)年九月、アメリカのサンフランシスコで講和会議が開かれました。

アメリカは日本を西側陣営の一員にするため、早く独立させようと講和を急いだのです。日本は、ソ連や中国など東側の国を除く四八の国々と平和条約を結びました。「サンフランシスコ平和条約」です。戦争が終わって六年、日本は独立した国として世界に認められたのです。

平和条約の調印と同じ日、「日米安全保障条約」が結ばれました。これによって、日本と東アジアの平和を守るという理由で、独立後もアメリカ軍が駐留を続けることとなり、現在に至っています。

❖日本の新たなスタート

サンフランシスコ平和条約から五年経った一九五六（昭和三一）年、平和条約を結んでいなかったソ連との国交が回復すると、日本は国連への加盟が認められました。日本は、国際社会の中で新たなスタートを切ったのです。

20

高度経済成長の光と影

❖戦後の経済成長と暮らしの変化

一九四五(昭和二〇)年八月、太平洋戦争が終わりました。戦争に負けた日本は、多くの都市が焼け野が原となっていました。それからおよそ一〇年。人々の努力によって日本はめざましい経済成長を遂げます。それに伴って人々の暮らしも大きく変わり、便利で快適になっていきました。しかし同時に、公害など新たな社会問題が生まれ、深刻化します。この章では、高度経済成長の光と影、そして経済成長を果たした日本のその後を見ていきます。

❖高度経済成長の始まり

一九五〇年代半ば以降、およそ二〇年にわたって、日本の経済は高い伸び率で上昇し続けました。「高度経済成長」です。特に鉄鋼などの重化学工業が発展し、今までの設備だけでは足りなくなってきた工場は次々と施設を拡張しました。大都市には近代的なビルが競うように建てられました。

農村から、中学や高校を卒業した若者たちが、就職のために集団で大都市にやってきました。「集団就職」です。やってきた少年少女たちは、工場や商店で働きました。特に、中学を卒業して就職した人たちは「金の卵」ともてはやされ、高度経済成長を支える労働力になっていきました。

❖高度経済成長と消費革命

人々のライフスタイルも変わり始めました。テレビ、洗濯機、冷蔵庫の「三種の神器」といわれた電化製品が一般の家庭に急速に広まっていったのです。レジャーという言葉が一般化し、自動車を買い求める人も増えました。自動車が増えると、主要都市を結ぶ高速

首都高速道路の建設（NHK ニュース映像）

道路も開通しました。

さらに、一九六四年に東京でオリンピックを開くことが決まると、オリンピックに向けたさまざまな整備が急ピッチで進められました。上下水道や空港と都市を結ぶ交通機関の整備、首都高速道路の建設、そして東海道新幹線の開通です。これまで六時間半かかっていた東京―大阪間は四時間に短縮されました。

❖高度経済成長のひずみ：公害問題

高度経済成長による急速な工業化や土地の開発は、公害をはじめとした深刻な社会問題を引

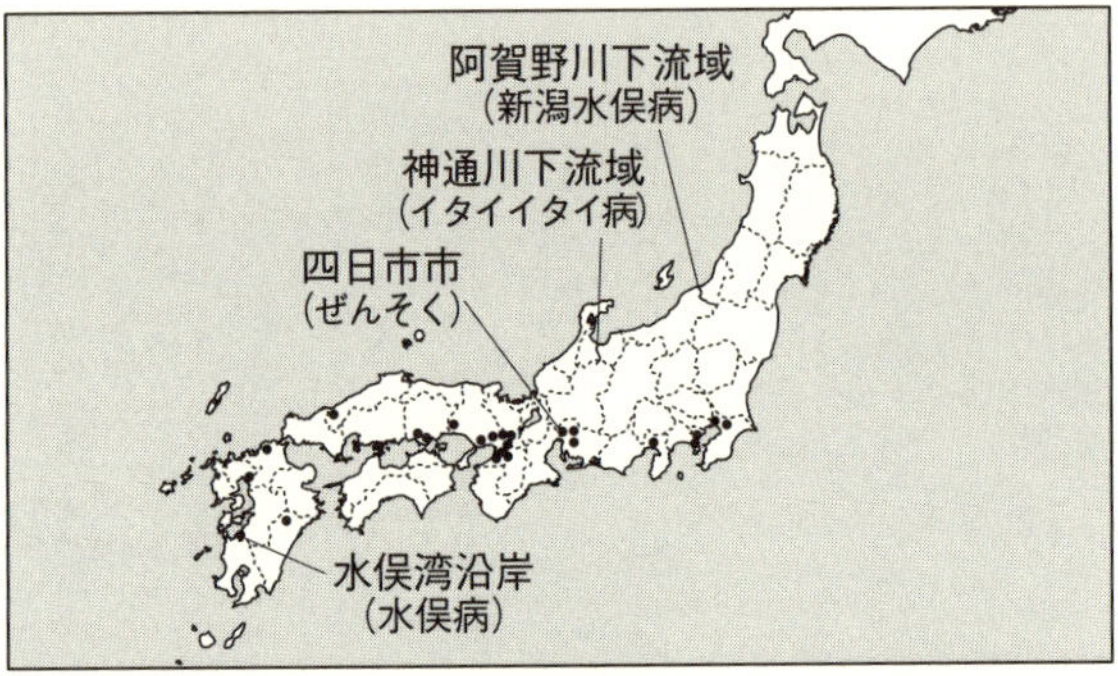

四大公害病

き起こしました。有毒な物質を含む工業廃水によって川や海が汚染される、水質汚濁。工場から上る煙や車の排気ガスによって引き起こされる、大気汚染。公害は人々の健康を脅かしていきました。

海に流された工場排水の有機水銀が原因となった熊本県の「水俣《みなまた》病」、「新潟水俣病」、「イタイイタイ病」、そして、有毒な物質を含む煙による「四日市ぜんそく」は、「四大公害病」といわれます。ほかにも日本各地で公害が発生しました。

❖高度経済成長のひずみ：過密過疎

公害を訴える住民運動が各地で盛んになっていくな

かで、一九七一(昭和四六)年、現在の環境省に当たる環境庁がつくられました。しかし公害病患者の補償問題など、公害はその後も問題を残しました。

さらに、大都市では人口が集中し、住宅難、交通難、騒音といった新たな問題が生まれました。反対に農村では人口が減り、過疎が進みました。男性の働き手が都会に出稼ぎに行った農家では、残ったじいちゃん、ばあちゃん、かあちゃんが農業を行い、「三ちゃん農業」といわれました。多くの農村で活力が失われていきました。

❖沖縄の日本復帰

高度経済成長期には、日本の国際関係も変化しました。沖縄は、「サンフランシスコ平和条約」が結ばれたあとも、アメリカの統治下に置かれたままでした。一九六〇年代に入ると、沖縄の日本復帰を求める声が高まっていきました。

一九七二(昭和四七)年五月、二七年ぶりに沖縄の日本復帰が実現しました。その日から

沖縄本土復帰（NHK 映像より）

沖縄では、お金もドルから円へと変わり、車は左側通行に変わりました。

❖韓国・中国との国交正常化

一九六五（昭和四〇）年、日本は「日韓基本条約」を結び、韓国との関係を正常化させました。敗戦から二〇年後のことでした。

国交がなかった中国とは、一九七二（昭和四七）年に日中共同声明を発表。一九三七（昭和一二）年の日中戦争の開始から三五年を経て、国交が正常化したのです。そして、一九七八年には「日中平和友好条約」が結ばれました。

日中平和友好条約の締結（NHK ニュース映像）

❖高度経済成長の終わり：オイルショック

戦後、長く続いた高度経済成長。この経済成長にブレーキをかけたのが、一九七三（昭和四八）年の石油危機「オイルショック」でした。中東で起きた戦争をきっかけに、石油産出国が石油の価格を四倍に引き上げたため、日本をはじめ先進諸国の経済や社会が大きな影響を受けたのです。

石油の値上がりによって物価が高騰しました。各地のスーパーマーケットには、トイレットペーパーを買い求める人々が殺到しました。また、電力を節減するために、大都市のネオンが消されました。

❖グローバル化する時代へ

しかし、日本の企業は、資源をあまり使わないように工夫をしたり、コンピューター、工業用ロボットを導入して生産の効率を高めるなど、努力を重ねました。そして、この石油危機から抜け出すことができたのです。こうして高度経済成長時代が終わり、経済は低成長の時代に入っていきます。

経済大国、先進工業国となった日本。しかし今、世界はグローバル化が進み、政治、経済など激しい変化の中にいます。そうしたなかで日本は、今後、どのような道を歩んでいくのかが問われています。

監修者あとがき

國學院大學栃木短期大学教授
酒寄雅志

二〇一一(平成二三)年三月一一日、千年来の地震と津波といわれた東日本大震災が起こりました。それから五年、二〇一六年四月には、熊本地方を震度七という大地震が襲いました。私たちの住む日本列島では、歴史上たびたび地震をはじめとした自然災害が起こってきました。しかし人々はこうした困難を乗り越えて今日の繁栄を築いてきました。

今世紀は、二〇〇一年九月一一日に起こったアメリカの同時多発テロによって幕が開いたと言って過言ではありません。この事件を契機に、アフガニスタン紛争やイラク戦争が始まり、世界各地でテロが相次いで起こっています。また戦争を逃れた難民もヨーロッパに大量に流入しています。日本も国際社会の一員として、積極的な人道支援が求められています。

二〇〇八年九月にはアメリカでリーマンショックが起こり、世界同時不況を引き起こしました。バブル経済の崩壊から立ち直りつつあった日本も、グローバル経済が進むなか例外ではありませんでした。そのため安価な労働力を求めて企業は海外に進出し、国内産業の空洞化が進みました。さらに少子・高齢化にともなう人口減少により労働力が不足したり消費が低迷し、経済はもとより教育の格差なども拡大しつつあります。

そうしたなか二〇二〇年の東京オリンピック開催が決まりました。半世紀ぶりの開催です。多少の問題が取りざたされているものの、明るい話題といえます。

私たちは、人類の誕生から今日まで、一人として途絶えることなく、何代も何代もつづいてきた末に存在しています。それぞれの時代に生きた私たちの先祖は、夢と希望にむかって努力をし、戦争や災害に涙するなど、さまざまな出来事を経験してきました。

この本を読んでくださった皆さんも、そうした日本の長～い長～い歴史につながっているのです。さあ、新たな気持ちで、歴史のにない手として次の一歩を踏み出してください。

本書はＮＨＫ・Ｅテレ（教育）「10min.ボックス　日本史」をまとめたものです。

編集協力：ＮＨＫエデュケーショナル
本文監修：酒寄雅志

NHK「10min. ボックス 日本史」

「10min. ボックス 日本史」は，中学・高校生向けの10分ミニ番組です．日本の歴史を時代ごとにポイントを絞って取り上げ，全20回で構成しています．魅力的な映像資料により，様々な学習場面で歴史への興味関心を育てるシリーズです．
http://www.nhk.or.jp/syakai/10min_nihonshi/

10分で読む 日本の歴史　　岩波ジュニア新書 832

2016年7月20日　第1刷発行
2020年8月6日　第3刷発行

編　者　NHK「10min. ボックス」制作班

発行者　岡本　厚

発行所　株式会社 岩波書店
〒101-8002 東京都千代田区一ツ橋 2-5-5
案内 03-5210-4000　営業部 03-5210-4111
ジュニア新書編集部 03-5210-4065
https://www.iwanami.co.jp/

組版　シーズ・プランニング
印刷・三陽社　カバー・精興社　製本・中永製本

ISBN 978-4-00-500832-2　　Printed in Japan

岩波ジュニア新書の発足に際して

きみたち若い世代は人生の出発点に立っています。きみたちの未来は大きな可能性に満ち、陽春の日のようにひかり輝いています。勉学に体力づくりに、明るくはつらつとした日々を送っていることでしょう。

しかしながら、現代の社会は、また、さまざまな矛盾をはらんでいます。営々として築かれた人類の歴史のなかで、幾千億の先達《せんだつ》たちの英知と努力によって、未知が究明され、人類の進歩がもたらされ、大きく文化として蓄積されてきました。にもかかわらず現代は、核戦争による人類絶滅の危機、貧富の差をはじめとするさまざまな人間的不平等、社会と科学の発展が一方においてもたらした環境の破壊、エネルギーや食糧問題の不安等々、来るべき二十一世紀を前にして、解決を迫られているたくさんの大きな課題がひしめいています。現実の世界はきわめて厳しく、人類の平和と発展のためには、きみたちの新しい英知と真摯《しんし》な努力が切実に必要とされています。

きみたちの前途には、こうした人類の明日の運命が託されています。ですから、たとえば現在の学校で生じているささいな「学力」の差、あるいは家庭環境などによる条件の違いにとらわれて、自分の将来を見限ったりはしないでほしいと思います。個々人の能力とか才能は、いつどこで開花するか計り知れないものがありますし、努力と鍛錬の積み重ねの上にこそ切り開かれるものですから、簡単に可能性を放棄したり、容易に「現実」と妥協したりすることのないようにと願っています。

わたしたちは、これから人生を歩むきみたちが、生きることのほんとうの意味を問い、大きく明日をひらくことを心から期待して、ここに新たに岩波ジュニア新書を創刊します。現実に立ち向かうために必要とする知性、豊かな感性と想像力を、きみたちが自らのなかに育てるのに役立ててもらえるよう、すぐれた執筆者による適切な話題を、豊富な写真や挿絵とともに書き下ろしで提供します。若い世代の良き話し相手として、このシリーズを注目してください。わたしたちもまた、きみたちの明日に刮目《かつもく》しています。（一九七九年六月）

894 内戦の地に生きる ―フォトグラファーが見た「いのち」 橋本　昇

母の胸を無心に吸う赤ん坊、自爆攻撃した息子の遺影を抱える父親…。戦場を撮り続けた写真家が生きることの意味を問う。

895 ひとりで、考える ―哲学する習慣を 小島俊明

主体的な学び、探求的学びが重視されているなか、フランスの事例を紹介しながら「考える」について論じます。

896 「カルト」はすぐ隣に ―オウムに引き寄せられた若者たち 江川紹子

オウムを長年取材してきた著者が、若い世代に向けて事実を伝えつつ、カルト集団に人生を奪われない生き方を説く。

897 答えは本の中に隠れている 岩波ジュニア新書編集部編

悩みや迷いが尽きない10代。そんな彼らに、個性豊かな12人が、希望や生きる上でのヒントが満載の答えを本を通してアドバイス。

898 ポジティブになれる英語名言101 小池直己 佐藤誠司

プラス思考の名言やことわざで基礎的な文法を学ぶ英語入門。日常の中で使える慣用表現やイディオムが自然に身につく名言集。

899 クマムシ調査隊、南極を行く！ 鈴木　忠

白夜の夏、生物学者が見た南極の自然とは？ 笑いあり、涙あり、観測隊の日常がオモシロい！〈図版多数・カラー口絵8頁〉

900
男子が10代のうちに考えておきたいこと
田中俊之

男らしさって何？　性別でなぜ期待される生き方や役割が違うの？　悩む10代に男性学の視点から新しい生き方をアドバイス。

901
カガク力《りょく》を強くする！
元村有希子

疑い、調べ、考え、判断する力＝カガク力！科学・技術の進歩が著しい現代だからこそ、一人一人が身に着ける必要性と意味を説く。

902
世界の神話
沖田瑞穂

個性豊かな神々が今も私たちを魅了する聖なる物語・神話。世界各地に伝わる神話のエッセンスを凝縮した宝石箱のような一冊。

903
「ハッピーな部活」のつくり方
中澤篤史
内田　良

長時間練習、勝利至上主義など、実際の活動から問題点をあぶり出し、今後に続くあり方を提案。「部活の参考書」となる一冊。

904
ストライカーを科学する
―サッカーは南米に学べ！
松原良香

南米サッカーに精通した著者が、現役南米代表などへの取材をもとに分析。決定力不足を克服し世界で勝つための道を提言。

905
15歳、まだ道の途中
高原史朗

「悩み」も「笑い」もてんこ盛り。そんな中学三年の一年間を、15歳たちの目を通して瑞々しく描いたジュニア新書初の物語。

906
レギュラーになれないきみへ
元永知宏
スター選手の陰にいる「補欠」選手たち。果たして彼らの思いとは？ 控え選手たちの姿を通して「補欠の力」を探ります。

907
俳句を楽しむ
佐藤郁良
句の鑑賞方法から句会の進め方まで、季語や文法の説明を挟み、ていねいに解説。句作の楽しさ・味わい方を伝える一冊。

908
発達障害 思春期からのライフスキル
平岩幹男
「今のうまくいかない状況」をどうすれば「何とかなる状況」に変えられるのか。専門家がそのトレーニング法をアドバイス。

909
ものがたり日本音楽史
徳丸吉彦
縄文の素朴な楽器から、雅楽・能楽・歌舞伎・文楽、現代邦楽…日本音楽と日本史の流れがわかる、コンパクトで濃厚な一冊！

910
ボランティアをやりたい！
―高校生ボランティア・アワードに集まれ
さだまさし
風に立つライオン基金 編
「誰かの役に立ちたい！」 各地でボランティアを行っている高校生たちのアイディアに満ちた力強い活動を紹介します。

911
オリンピック・パラリンピックを学ぶ
後藤光将編著
オリンピックが「平和の祭典」と言われるのはなぜ？ オリンピック・パラリンピックの基礎知識。

岩波ジュニア新書

912 **新・大学でなにを学ぶか**

上田紀行 編著

大学では何をどのように学ぶのか？　池上彰氏をはじめリベラルアーツ教育に携わる気鋭の大学教員たちからのメッセージ。

913 **統計学をめぐる散歩道**
――ツキは続く？　続かない？

石黒真木夫

天気予報や選挙の当選確率、くじの当たり外れやじゃんけんの勝敗などから、統計のしくみをのぞいてみよう。

914 **読解力を身につける**

村上慎一

評論文、実用的な文章、資料やグラフ、文学的な文章の読み方を解説。名著『なぜ国語を学ぶのか』の著者による国語入門。

915 **きみのまちに未来はあるか？**
――「根っこ」から地域をつくる

除本理史
佐無田光

地域の宝物＝「根っこ」と自覚した住民によるまちづくりが活発化している。各地の事例から、未来へ続く地域の在り方を提案。

916 **博士の愛したジミな昆虫**

金子修治
鈴木紀之 編著
安田弘法

SFみたいなびっくり生態、生物たちの複雑怪奇なからみ合い。その謎を解いていくワクワクを、昆虫博士たちが熱く語る！

917 **有権者って誰？**

藪野祐三

あなたはどのタイプの有権者ですか？　社会に参加するツールとしての選挙のしくみや意義をわかりやすく解説します。